Themenhefte Mathematik

Mathematisches Unterrichtswerk Lambacher-Schweizer

Herausgegeben von Oberstudiendirektor Professor Wilhelm Schweizer, Tübingen

Lösungsheft

Lineare Algebra und Analytische Geometrie 1

(Klettbuch 7391)

bearbeitet von Gymnasialprofessor Karl Mütz, Tübingen

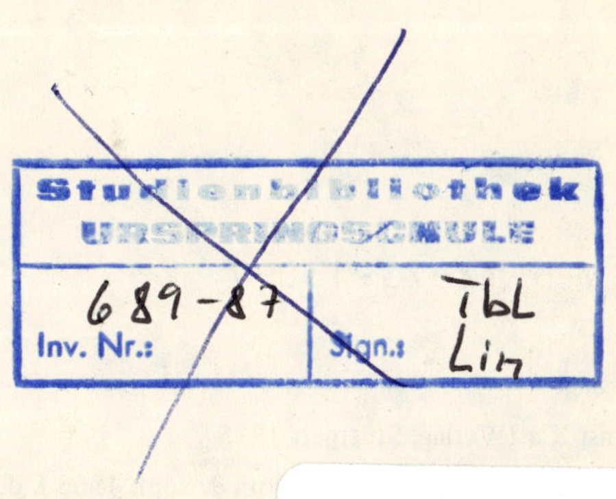

Ernst Klett Stuttgart

ISBN 3-12-739130-7

1. Auflage 1 8 7 6 | 1987 86

Zeichnungen: Hans Stotz, Stuttgart
Schreibsatz: Ernst Klett, Stuttgart
Druck: Dörler, Schanbach

Inhalt

I Vektorräume

II Systeme linearer Gleichungen

III Analytische Geometrie 1 (Affine Geometrie)

IV Euklidische Vektorräume

V Analytische Geometrie 2 (Euklidische Geometrie)

I Vektorräume

1. Wiederholung über Rechenbereiche

1. a) ($\mathbb{N}$; ggT) und ($\mathbb{N}$; kgV) sind Rechenbereiche.
Die Menge der geraden natürlichen Zahlen bildet bez. des Bildens des ggT keinen Rechenbereich (da z. B. 2 und 4 in dieser Menge keinen gemeinsamen Teiler haben), wohl aber bez. des Bildens des kgV. 2 hat deswegen keinen Teiler, weil es keine gerade Zahl für x gibt mit $2 = 2 \cdot x$.
b) Sowohl bez. $\cup$ als auch bez. $\cap$ liegt ein Rechenbereich vor.
c) Es liegt ein Rechenbereich vor.

2. a) $(3; \frac{15}{4})$ b) $(1; 1; 3)$ c) $(-\frac{1}{2}; -\frac{1}{4}; 0)$
d) $(\sqrt{2} + \frac{1}{2}; \frac{1}{10}; 0; \frac{4}{3})$ e) $(-0{,}6; 1{,}8)$ f) $(1 + 3t; 0)$

3.

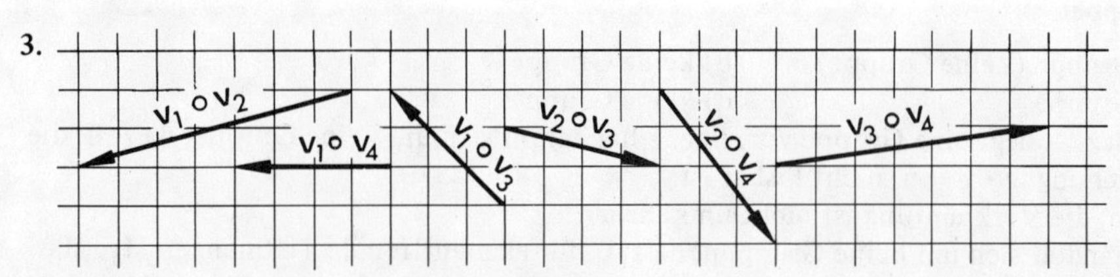

4.

∘	d_0	d_1	d_2
d_0	d_0	d_1	d_2
d_1	d_1	d_2	d_0
d_2	d_2	d_0	d_1

∘	d_0
d_0	d_0

5. a) $\begin{pmatrix} \frac{3}{2} & 3 \\ \frac{5}{2} & \frac{2}{3} \end{pmatrix}$ b) $\begin{pmatrix} -1 & 3 & 1 \\ 1 & 1 & 1 \end{pmatrix}$

2. Eigenschaften von Rechenbereichen

1. a) Man sucht ein Paar $(a; b)$, für welches $a * b \neq b * a$ ist
($a * (b * c) \neq (a * b) * c$ ist; die Gleichung $a * x = b$ nicht lösbar ist).
b) Kommutativität wäre nur dann gegeben, wenn für *alle* $a, b \in \mathbb{N}$ gelten würde: $a^b = b^a$.
c) Da die Addition in $\mathbb{N}$ kommutativ ist, gilt $\frac{a+b}{2} = \frac{b+a}{2}$ für alle $a, b \in \mathbb{N}$.
Es ist z. B. $(\frac{2+3}{2} + 4) : 2 \neq (2 + \frac{3+4}{2}) : 2$.

2.

	kommutativ	assoziativ	umkehrbar
a)	nein	nein	nein
b)	ja	ja	nein
c)	ja	ja	ja
d)	ja	ja	ja
e)	ja	ja	ja
f)	ja	ja	ja

3. a) d_5

b)

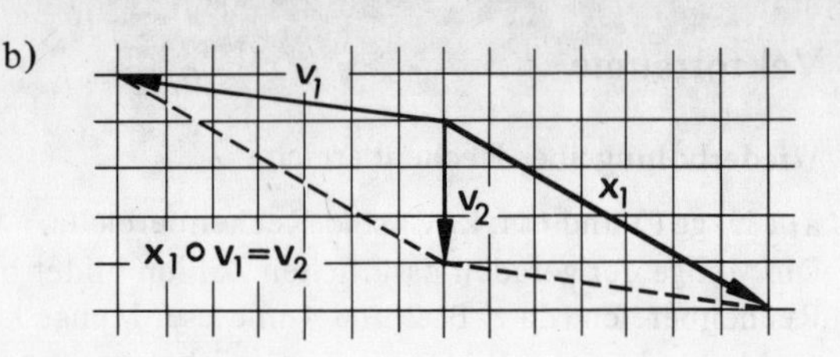

4. a) $2^a \cdot 2^b = 2^{a+b}$ zeigt, daß $\{2^k \mid k \in \mathbb{Z}\}$ bez. der Multiplikation abgeschlossen ist.
   b) Assoziativität: $2^a(2^b 2^c) = (2^a 2^b) 2^c = 2^{a+b+c}$
   Kommutativität: $2^a 2^b = 2^b 2^a = 2^{a+b}$
   Umkehrbarkeit: $2^a \cdot x = 2^b$ hat 2^{b-a} als Lösung.

3. Gruppen

1. a) Gruppe (keine Gruppe) b) keine Gruppe
   c) Gruppe d) keine Gruppe
   e) Bez. + liegt eine Gruppe vor. Bez. $\cdot$ handelt es sich um keine Gruppe, da z. B. die Gleichung $g \cdot x = u$ nicht lösbar ist.
2. Nein; die Verknüpfung ist nicht umkehrbar.
3. Es handelt sich um keine Gruppen, da z. B. für elementfremde Teilmengen M_1, M_2 von M die Gleichungen $M_1 \cup x = M_2$ bzw. $M_1 \cap x = M_2$ nicht lösbar sind.
4. a) $a * (a' * b) = (a * a') * b = e * b = b$
   b) $(a * b) * (b' * a') = [(a * b) * b'] * a' = [a * (b * b')] * a' = [a * e] * a' = e$
   c) $a * (b' * b') * b = a * [(b' * b') * b] = a * [b' * (b' * b)] = a * [b' * e] = a * b'$
   d) $b' * a * a' * b = [(b' * a) * a'] * b = [b' * (a * a')] * b = b' * b = e$
   e) $a' * a' * a * a = [a' * (a' * a)] * a = a' * a = e$
   f) $a * (b' * c) * c' * b = a * b' * (c * c') * b = a * b' * b = a$
   g) $a' * (b * a) * a' = a' * b * (a * a') = a' * b$
   h) $b' * b * b' * c = b' * (b * b') * c = b' * c$
   i) $(d' * c') * (c * d) = d' * (c' * c) * d = d' * d = e$
5. a) keine Vereinfachung b) $a * a$ c) keine Vereinfachung
6. a) $x = a' * b$ b) $x = b * a'$ c) $x = e$
   d) $x = a'$ e) $x = b'$ f) $x = a * b$
   g) $x = b * b$ h) $x = b' * a * b$ i) $x = b' * b' * a$
   k) $x = b * a * b'$ l) $x = c' * c' * a$ m) $x = a * b * a'$
7. a) $a' * (a * b') = (a' * a) * b' = e * b' = b'$
   b) $(a * b') * b = a * (b' * b) = a * e = a$
   c) $a * (a * b') * b = a * a * (b' * b) = a * a * e = a * a$
8. Ohne Kommutativität:
   a) keine Vereinfachung b) $a * c * a'$ c) keine Vereinfachung.
   Mit Kommutativität:

a)	b)	c)
$a * b * a' * b'$	$(a * a') * c$	$a' * a * b * b$
$= (a * a') * (b * b')$	$= e * c$	$= e * b * b$
$= e$	$= c$	$= b * b$

9. Wegen $e * e = e$ ist $\{e\}$ abgeschlossen bez. $*$;
   wegen $e * (e * e) = (e * e) * e = e$ ist $*$ assoziativ;
   wegen $e * e = e$ ist die Gleichung $e * x = e$ lösbar, $*$ also umkehrbar.

10. $a * x = b * x$; da x ein inverses Element x' hat, folgt $(a * x) * x' = (b * x) * x'$, also $a * (x * x') = b * (x * x')$, d.h. $a * e = b * e$ oder $a = b$.
$x * a = x * b$; $x' * (x * a) = x' * (x * b)$; $(x' * x) * a = (x' * x) * b$; $e * a = e * b$; $a = b$.

11. a) $(a * b)'$ erfüllt die Gleichung $(a * b) * x = e$. Verknüpft man von links mit a', so folgt $b * x = a'$. Verknüpft man nun von links mit b', so folgt $x = b' * a'$.
b) Nach a) ist $(b * a)' = a' * b'$ und somit $a * (b * a)' = a * a' * b' = b'$.
c) Nach a) ist $(a * a)' = a' * a'$ und daher $(a * a)' * a = a' * a' * a = a'$.

12.

*	e	a
e	e	a
a	a	e

Die Gruppe muß aus dem neutralen Element e und einem weiteren Element $a \neq e$ bestehen. Da aus $a * a = a$ folgen würde: $a' * a * a = a' * a$, d.h. $a = e$, muß $a * a = e$ gelten. Die Verknüpfungstafel jeder Gruppe mit genau zwei Elementen hat daher die angegebene Form. Alle diese Gruppen sind kommutativ.

13. In der Gruppe $(D_4, \circ)$ der Drehung eines Quadrates gilt z. B. $d_2 \circ d_2 = d_0 = e$.

4. Beispiele für Gruppen

1. a) $\frac{1}{5}; -2\sqrt{3}; \sqrt{2}-1; -0,4$ b) $-5; \frac{1}{6}\sqrt{3}; -\frac{1}{7}\sqrt{2}-\frac{3}{7}$

2. a) $(-2; 1; -3)$ b) $(-\frac{1}{2}; \frac{3}{4}; 1; 0)$ c) $(-4; -3; -1)$
d) $(\sqrt{3}-1; \sqrt{2})$ e) $(\frac{1}{2}\sqrt{2}; \sqrt{3}; -\frac{4}{5})$ f) $(-2; 4; \frac{4}{7})$
g) $(-t; \frac{1}{t})$ h) $(-s; 0; s-1)$

3. a) $(-2; -2; -1)$ b) $(\frac{5}{4}; -\frac{7}{4}; \frac{1}{2}; -2)$

4. a) $(1; -\frac{7}{3}; -\frac{3}{2})$ b) $(-1; -\frac{5}{4}; -\frac{7}{2}; 2)$

5.

a) 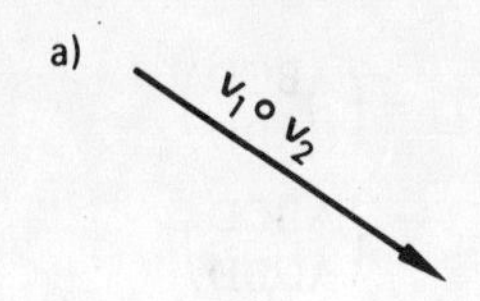

b) $v_3 \circ v_4$

c) $v_1 \circ v_2 \circ v_4$

d) $v_3 \circ v_2 \circ v_1$

e) $v_1 \circ v_2 \circ v_3 \circ v_4$

6.

a) 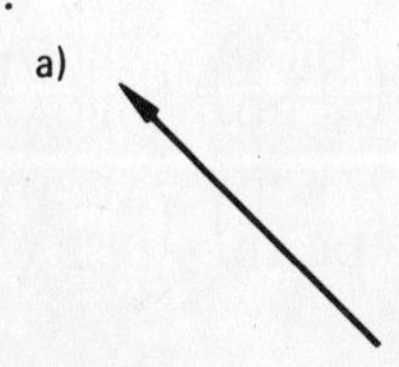

b) 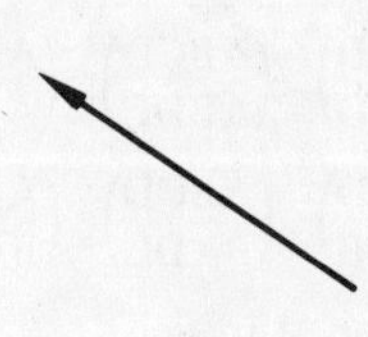

c) 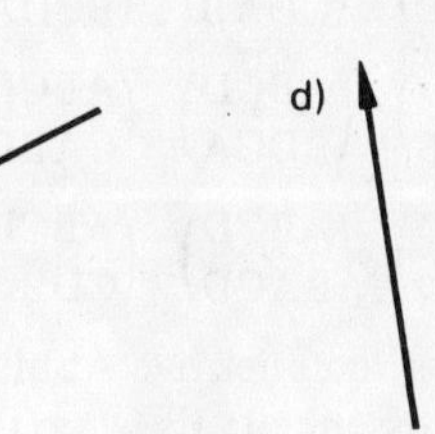

d)

e) 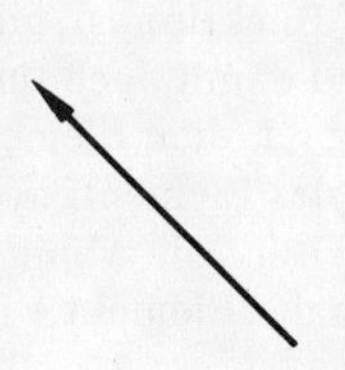

f) 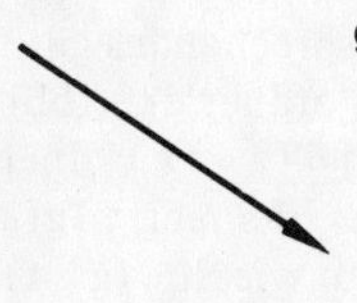

g) 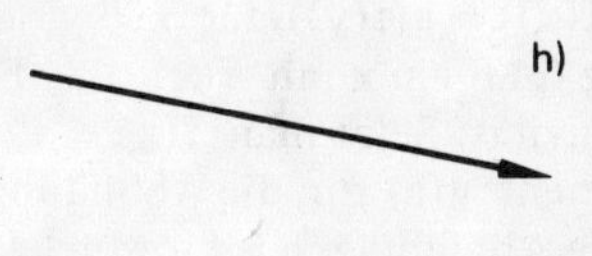

h) o

7.

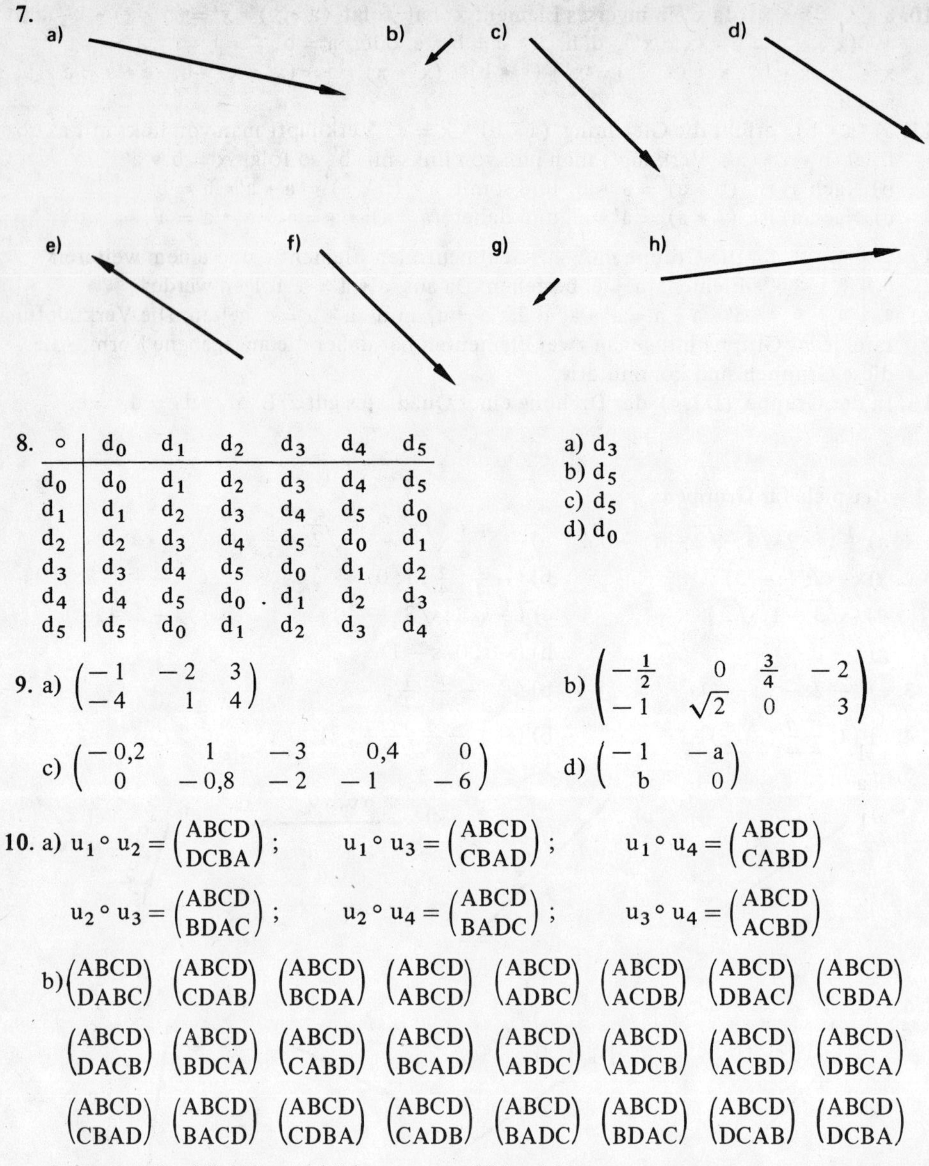

8.

$\circ$	d_0	d_1	d_2	d_3	d_4	d_5
d_0	d_0	d_1	d_2	d_3	d_4	d_5
d_1	d_1	d_2	d_3	d_4	d_5	d_0
d_2	d_2	d_3	d_4	d_5	d_0	d_1
d_3	d_3	d_4	d_5	d_0	d_1	d_2
d_4	d_4	d_5	d_0	d_1	d_2	d_3
d_5	d_5	d_0	d_1	d_2	d_3	d_4

a) d_3
b) d_5
c) d_5
d) d_0

9. a) $\begin{pmatrix} -1 & -2 & 3 \\ -4 & 1 & 4 \end{pmatrix}$ b) $\begin{pmatrix} -\frac{1}{2} & 0 & \frac{3}{4} & -2 \\ -1 & \sqrt{2} & 0 & 3 \end{pmatrix}$

c) $\begin{pmatrix} -0{,}2 & 1 & -3 & 0{,}4 & 0 \\ 0 & -0{,}8 & -2 & -1 & -6 \end{pmatrix}$ d) $\begin{pmatrix} -1 & -a \\ b & 0 \end{pmatrix}$

10. a) $u_1 \circ u_2 = \begin{pmatrix} ABCD \\ DCBA \end{pmatrix}$; $u_1 \circ u_3 = \begin{pmatrix} ABCD \\ CBAD \end{pmatrix}$; $u_1 \circ u_4 = \begin{pmatrix} ABCD \\ CABD \end{pmatrix}$

$u_2 \circ u_3 = \begin{pmatrix} ABCD \\ BDAC \end{pmatrix}$; $u_2 \circ u_4 = \begin{pmatrix} ABCD \\ BADC \end{pmatrix}$; $u_3 \circ u_4 = \begin{pmatrix} ABCD \\ ACBD \end{pmatrix}$

b) $\begin{pmatrix} ABCD \\ DABC \end{pmatrix}$ $\begin{pmatrix} ABCD \\ CDAB \end{pmatrix}$ $\begin{pmatrix} ABCD \\ BCDA \end{pmatrix}$ $\begin{pmatrix} ABCD \\ ABCD \end{pmatrix}$ $\begin{pmatrix} ABCD \\ ADBC \end{pmatrix}$ $\begin{pmatrix} ABCD \\ ACDB \end{pmatrix}$ $\begin{pmatrix} ABCD \\ DBAC \end{pmatrix}$ $\begin{pmatrix} ABCD \\ CBDA \end{pmatrix}$

$\begin{pmatrix} ABCD \\ DACB \end{pmatrix}$ $\begin{pmatrix} ABCD \\ BDCA \end{pmatrix}$ $\begin{pmatrix} ABCD \\ CABD \end{pmatrix}$ $\begin{pmatrix} ABCD \\ BCAD \end{pmatrix}$ $\begin{pmatrix} ABCD \\ ABDC \end{pmatrix}$ $\begin{pmatrix} ABCD \\ ADCB \end{pmatrix}$ $\begin{pmatrix} ABCD \\ ACBD \end{pmatrix}$ $\begin{pmatrix} ABCD \\ DBCA \end{pmatrix}$

$\begin{pmatrix} ABCD \\ CBAD \end{pmatrix}$ $\begin{pmatrix} ABCD \\ BACD \end{pmatrix}$ $\begin{pmatrix} ABCD \\ CDBA \end{pmatrix}$ $\begin{pmatrix} ABCD \\ CADB \end{pmatrix}$ $\begin{pmatrix} ABCD \\ BADC \end{pmatrix}$ $\begin{pmatrix} ABCD \\ BDAC \end{pmatrix}$ $\begin{pmatrix} ABCD \\ DCAB \end{pmatrix}$ $\begin{pmatrix} ABCD \\ DCBA \end{pmatrix}$

c) f, g, h seien bijektive Abbildungen von M in sich.
Abgeschlossenheit: Es ist $g(f(x)) \in M$. Weil f und g Bijektionen sind, ist $f(x) \neq f(y)$ und $g(f(x)) \neq g(f(y))$ für $x \neq y$, d. h. $g \circ f$ ist injektiv. Da f Bijektion ist, gibt es zu jedem $z \in M$ ein x mit $f(x) = z$; Entsprechendes gilt für g und damit auch für $g \circ f$.
Assoziativität: Setzt man $f(x) = a$, so ordnet die Abbildung $g \circ f$ dem Element x das Element $g(a)$ zu; die Abbildung $h \circ (g \circ f)$ ordnet also x das Element $h(g(a))$ zu. Auch die Abbildung $h \circ g$ ordnet a das Element $h(g(a))$ zu. D. h.: die Abbildung $(h \circ g) \circ f$ ordnet x dasselbe Element zu wie $h \circ (g \circ f)$. Neutrales Element e ist die identische Abbildung.

Inverse Elemente: Da jede Abbildung f (in dem betrachteten Fall) eine Bijektion ist, besitzt sie eine Umkehrabbildung $\overline{f}$, für welche gilt: $f \circ \overline{f} = \overline{f} \circ f = e$.
Die Gruppe aller Bijektionen von M in sich ist nicht kommutativ, wie das Beispiel $u_1 \circ u_2 \neq u_2 \circ u_1$ zeigt.

11. a) $f\colon x \mapsto m_1x + c_1$; $g\colon x \mapsto m_2x + c_2$; $h\colon x \mapsto m_3x + c_3$
$g \circ f\colon x \mapsto m_1m_2x + m_2c_1 + c_2$, die Verkettung ist also wieder von der Form $x \mapsto mx + c$.
b) Die Behauptung ergibt sich bereits aus den Überlegungen zu Aufgabe 10c; im folgenden weisen wir sie rechnerisch nach.

$g \circ f$: $\quad x \mapsto m_1m_2x + m_2c_1 + c_2$
$h \circ g$: $\quad x \mapsto m_2m_3x + m_3c_2 + c_3$
$h \circ (g \circ f)$: $\quad x \mapsto m_1m_2m_3x + m_2m_3c_1 + m_3c_2 + c_3$
$(h \circ g) \circ f$: $\quad x \mapsto m_1m_2m_3x + m_2m_3c_1 + m_3c_2 + c_3$

Ein Vergleich von $g \circ f$ mit $f \circ g\colon x \mapsto m_1m_2x + m_1c_2 + c_1$ zeigt, daß die Verknüpfung $\circ$ nicht kommutativ ist.
Neutrales Element ist die identische Abbildung $e\colon x \mapsto x$.
Die zu einer Abbildung $f\colon x \mapsto m_1x + c_1$ inverse Abbildung ist
$\overline{f}\colon x \mapsto \frac{1}{m_1}x - \frac{c}{m_1}$.

5. Untergruppen

1. $(\mathbb{Z}; +)$: $G_1 = \{0\}$, $G_2 = \{x \mid x = 2k \text{ und } k \in \mathbb{Z}\}$, $G_3 = \{x \mid x = 3k \text{ und } k \in \mathbb{Z}\}$
Untergruppe von G_2 ist z. B. $\{x \mid x = 4k \text{ und } k \in \mathbb{Z}\}$
Untergruppe von G_3 ist z. B. $\{x \mid x = 6k \text{ und } k \in \mathbb{Z}\}$
$(\mathbb{Q}^+; \cdot)$: $G_4 = \{1\}$, $G_5 = \{x \mid x = 2^k \text{ und } k \in \mathbb{Z}\}$, $G_6 = \{x \mid x = 3^k \text{ und } k \in \mathbb{Z}\}$
Untergruppe von G_5 ist z. B. $\{x \mid x = 4^k \text{ und } k \in \mathbb{Z}\}$
Untergruppe von G_6 ist z. B. $\{x \mid x = 9^k \text{ und } k \in \mathbb{Z}\}$

2. z. B. $\{\mathfrak{v} \mid \mathfrak{v} = k\mathfrak{b} \text{ und } k \in \mathbb{Z}\}$

3. $\{(a; b; 0) \mid a, b \in \mathbb{R}\}$, $\{(0; a; b) \mid a, b \in \mathbb{R}\}$, $\{(2a; 0; b) \mid a, b \in \mathbb{R}\}$
$\{(0; b; 0) \mid b \in \mathbb{R}\}$, $\{(0; 0; 5a) \mid a \in \mathbb{R}\}$, $\{(0; 0; 0)\}$, Verknüpfung: $\circ$

4. $(\{d_0\}; \circ)$, $(\{d_0, d_2\}; \circ)$, $(D_4; \circ)$

5. z. B. $\left\{\begin{pmatrix} a & 0 \\ 0 & 0 \end{pmatrix} \mid a \in \mathbb{Z}\right\}$, $\left\{\begin{pmatrix} 0 & 0 \\ a & 0 \end{pmatrix} \mid a \in \mathbb{Z}\right\}$, $\left\{\begin{pmatrix} a & 0 \\ b & 0 \end{pmatrix} \mid a, b \in \mathbb{Z}\right\}$,
$\left\{\begin{pmatrix} a & 0 \\ 0 & b \end{pmatrix} \mid a, b \in \mathbb{Z}\right\}$, $\left\{\begin{pmatrix} 2a & 3b \\ 0 & 0 \end{pmatrix} \mid a, b \in \mathbb{Z}\right\}$, $\left\{\begin{pmatrix} 0 & 8a \\ 5a & 0 \end{pmatrix} \mid a \in \mathbb{Z}\right\}$
$\left\{\begin{pmatrix} 0 & 0 \\ 0 & 0 \end{pmatrix}\right\}$; Verknüpfung: Matrizenaddition

6. a) Da $(U; *)$ eine Gruppe ist, enthält U das neutrale Element bez. $*$; $G \setminus U$ enthält daher kein neutrales Element bez. $*$, vgl. 3.2 Satz 2.
b) I. Ist $a, b \in U_1 \cap U_2$, so ist $a, b \in U_1$ und $a, b \in U_2$. Da $(U_1; *)$, $(U_2; *)$ Gruppen sind, ist $a * b \in U_1$ und $a * b \in U_2$, also $a * b \in U_1 \cap U_2$.
II. Die Verknüpfung $*$ ist in U_1, U_2 assoziativ.
III. Da $(U_1; *)$ und $(U_2; *)$ als Untergruppen je das neutrale Element e bez. $*$ enthalten, ist $U_1 \cap U_2 \neq \{\ \}$ und $e \in U_1 \cap U_2$.
IV. Ist $a \in U_1 \cap U_2$, so gilt $a \in U_1$ und $a \in U_2$. Da $(U_1; *)$ und $(U_2; *)$ Gruppen sind, enthalten sie das inverse Element a' von a, also ist $a' \in U_1 \cap U_2$.

6. Multiplikation von Gruppenelementen mit ganzen Zahlen

1. a) $(-3; 4)$ b) $(2; -1)$ c) $(6; -8)$ d) $(-6; 8)$ e) $(-9; 12)$ f) $(8; -4)$
g) $(\frac{3}{2}; -2)$ h) $(0; 0)$ i) $(0; 0)$ k) $(-15; 20)$ l) $(6; -3)$ m) $(0; 0)$

2. a) $(3; -9)$ b) $(3; -4)$ c) $(4; -2)$ d) $(2; -1)$ e) $(1; -3)$ f) $(10; -10)$
g) $(-11; 13)$ h) $(-9; 7)$ i) $(1; -3)$

3. $\mathfrak{a} = \begin{pmatrix} 2 & 3 \\ 3 & 4 \end{pmatrix}$ a) $\begin{pmatrix} 8 & 6 \\ 18 & 16 \end{pmatrix}$

$\mathfrak{b} = \begin{pmatrix} 0 & -1 \\ 1 & 0 \end{pmatrix}$ b) $\begin{pmatrix} 8 & 20 \\ 4 & 16 \end{pmatrix}$

7. Erzeugendensysteme in Gruppen

1. ES: $\mathfrak{a}_1 = (2; 0; 0)$, $\mathfrak{a}_2 = (0; 2; 0)$, $\mathfrak{a}_3 = (0; 0; 2)$
a) $2\mathfrak{a}_1 + 4\mathfrak{a}_2 + \mathfrak{a}_3$ b) $3\mathfrak{a}_1 - 2\mathfrak{a}_2 - 5\mathfrak{a}_3$
c) $-3\mathfrak{a}_1 - 6\mathfrak{a}_3$ d) $-\mathfrak{a}_1 + 2\mathfrak{a}_2 - 2\mathfrak{a}_3$

2. a) Es ist kein ES. Es gibt z. B. keine ganze Zahlen x_1, x_2 mit $\mathfrak{a} = x_1\mathfrak{c} + x_2\mathfrak{d}$.

b)

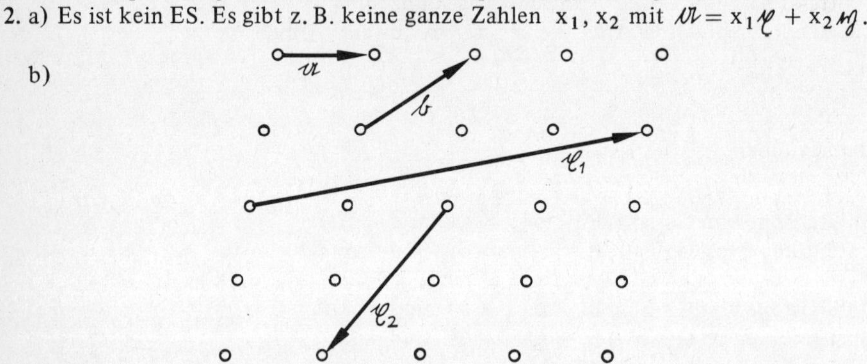

3. ES: $\mathfrak{a}_1 = \begin{pmatrix} 1 & 0 \\ 0 & 0 \end{pmatrix}$, $\mathfrak{a}_2 = \begin{pmatrix} 0 & 0 \\ 1 & 0 \end{pmatrix}$, $\mathfrak{a}_3 = \begin{pmatrix} 0 & 1 \\ 0 & 0 \end{pmatrix}$, $\mathfrak{a}_4 = \begin{pmatrix} 0 & 0 \\ 0 & 1 \end{pmatrix}$;

$4\mathfrak{a}_1 - 8\mathfrak{a}_2 - 8\mathfrak{a}_3 + 16\mathfrak{a}_4$

9. Beispiele für Vektorräume

1. a) $\mathfrak{a} + \frac{8}{3}\mathfrak{b}$ b) $\mathfrak{a} + 3\mathfrak{b}$ c) $2\mathfrak{a} + \mathfrak{b}$ d) $4\mathfrak{a}$

2. a) $\frac{1}{2}\mathfrak{a}$ b) $\frac{3}{2}\mathfrak{a}$ c) $2\mathfrak{b}$ d) $\frac{5}{16}\mathfrak{a}$
e) $2\mathfrak{a}$ f) $\frac{1}{8}\mathfrak{a}$ g) $\frac{4}{19}\mathfrak{a}$ h) $\frac{3}{10}\mathfrak{a}$

3. b), c), d), g)

4. a) Ist $\mathfrak{a} \neq (0; 0)$, so ist $(3-2)\mathfrak{a} = 1\mathfrak{a} = \mathfrak{a}$ bzw. $3\mathfrak{a} - 2\mathfrak{a} = \mathfrak{a} - \mathfrak{a} = (0; 0)$; also gilt (V_3) nicht; kein Vektorraum.
b) Für $\mathfrak{a} \neq \mathfrak{b}$ ist $\mathfrak{a} + \mathfrak{b} \neq \mathfrak{b} + \mathfrak{a}$. Die Verknüpfung + müßte aber kommutativ sein; kein Vektorraum.
c) Wegen $\mathfrak{a} + \mathfrak{a} = (2a_1; 2a_2)$ und $2\mathfrak{a} = (2a_1; 0)$ ist bei $a_2 \neq 0$ $\mathfrak{a} + \mathfrak{a} \neq 2\mathfrak{a}$; kein Vektorraum.
d) $2(\mathfrak{a} + \mathfrak{b}) = 2(a_1b_1; a_2b_2) = (2a_1b_1; 2a_2b_2)$;
$2\mathfrak{a} + 2\mathfrak{b} = (2a_1; 2a_2) + (2b_1; 2b_2) = (4a_1b_1; 4a_2b_2)$;
also gilt (V_2) nicht; kein Vektorraum.

5. a) $(\frac{5}{3}; -2; 2)$ b) $(-\frac{4}{3}; 3; -\frac{1}{12})$ c) $(\frac{7}{2}; -\frac{15}{2}; \frac{5}{8})$

d) $(\frac{1}{3} + \sqrt{2}; -2\sqrt{2}; \frac{5}{6} + \frac{1}{3}\sqrt{2})$

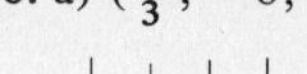

6. a) $(\frac{7}{3}; -6; -\frac{2}{3})$ b) $(0; 1; \frac{13}{12})$ c) $(1; -1; \frac{17}{12})$ d) $(\frac{7}{6}; -2; \frac{3}{4})$

7.

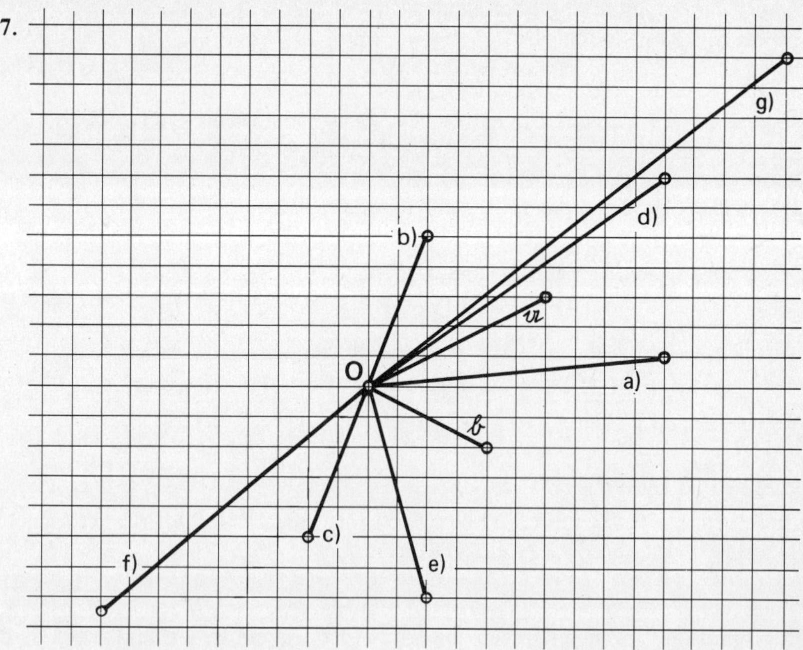

8. a) $\frac{1}{2} - 2x + \frac{3}{2}x^2 + \frac{1}{2}x^3$ b) $2 - \frac{14}{3}x + 6x^2 + \frac{1}{3}x^3$

c) $-\frac{1}{3} + \frac{7}{6}x - x^2 - \frac{1}{4}x^3$ d) $\frac{1}{4} - \frac{3}{2}x + \frac{3}{4}x^2 + \frac{1}{2}x^3$

9.

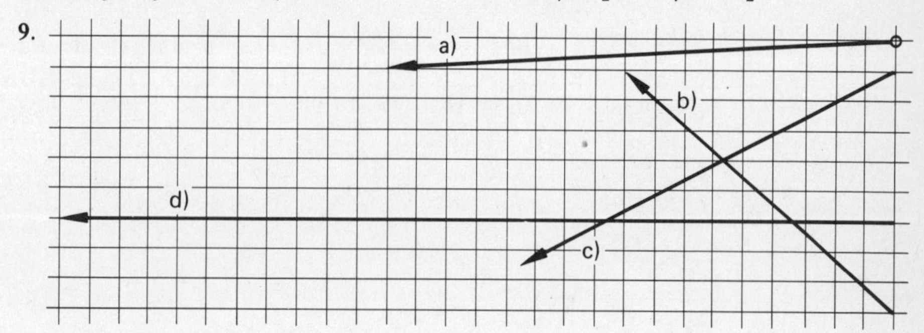

10. a) $\begin{pmatrix} -2 & \frac{5}{2} \\ 12 & -4 \end{pmatrix}$ b) $\frac{1}{8}\begin{pmatrix} 8 & 1 \\ -7 & -18 \end{pmatrix}$ c) $\frac{1}{2}\begin{pmatrix} 1 & 1 \\ 11 & 0 \end{pmatrix}$ d) $\frac{1}{2}\begin{pmatrix} -5 & 4 \\ 13 & 15 \end{pmatrix}$

11. ja

12. I. Nach Vereinbarung ist $1 \cdot \mathfrak{a} = \mathfrak{a}$.

II. Nach (V_2) ist $1 \cdot \mathfrak{a} + 1 \cdot \mathfrak{a} = (1 + 1) \cdot \mathfrak{a} = 2 \cdot \mathfrak{a}$.

III. Annahme: Für $n = k$ gelte $\underbrace{\mathfrak{a} + \mathfrak{a} + \ldots + \mathfrak{a}}_{k \text{ Summanden}} = k \cdot \mathfrak{a}$ (*)

Da der Vektorraum $\mathfrak{W}$ abgeschlossen ist bez. der Vektoraddition, gilt $(\underbrace{\mathfrak{a}+\mathfrak{a}+\ldots+\mathfrak{a}}_{k\ \text{Summanden}})+\mathfrak{a}\in\mathfrak{W}$. Da $\mathfrak{W}$ bez. der Vektoraddition eine kommutative Gruppe ist, gilt einerseits $(\underbrace{\mathfrak{a}+\mathfrak{a}+\ldots+\mathfrak{a}}_{k\ \text{Summanden}})+\mathfrak{a} = \underbrace{\mathfrak{a}+\mathfrak{a}+\ldots+\mathfrak{a}}_{(k+1)\ \text{Summanden}}$

Mit (∗) und (V_2) gilt andererseits

$$(\underbrace{\mathfrak{a}+\mathfrak{a}+\ldots+\mathfrak{a}}_{k\ \text{Summanden}})+\mathfrak{a} = k\cdot\mathfrak{a}+\mathfrak{a} = (k+1)\cdot\mathfrak{a}$$

Trifft die Annahme zu, so gilt also auch $\underbrace{\mathfrak{a}+\mathfrak{a}+\ldots+\mathfrak{a}}_{(k+1)\ \text{Summanden}} = (k+1)\cdot\mathfrak{a}$

Die Behauptung gilt somit auch für $n = k+1$.
Aus I, II und III folgt: Die Behauptung gilt für alle $n \in \mathbb{N}$.

10. Erste Folgerungen aus den Vektorraumaxiomen

1. a) $3\mathfrak{a}-\mathfrak{b}$ b) $-4\mathfrak{a}$ c) $\mathfrak{o}$ d) $-9\mathfrak{a}$
   e) $2\mathfrak{b}$ f) $2\mathfrak{a}$ g) $-\frac{1}{2}\mathfrak{a}$ h) $\mathfrak{a}+5\mathfrak{b}$
2. a) $3\mathfrak{a}$ b) $-\frac{3}{2}\mathfrak{a}$ c) $\mathfrak{o}$ d) $\frac{3}{13}\mathfrak{a}$
   e) $\frac{6}{7}\mathfrak{a}$ f) $2(\mathfrak{b}-\mathfrak{a})$ g) $5\mathfrak{a}$ h) $2\mathfrak{a}$

11. Unterräume eines Vektorraumes

1. Es gibt keine Zahl $x \in \mathbb{R}$ mit $(2; 3) + x(4; 5) = (0; 0)$. Diese Menge Vektoren enthält den Nullvektor nicht. Sie ist kein Vektorraum.
2. Ist $\mathfrak{M} = \{x\mathfrak{a} \mid x \in \mathbb{R}\}$, so ist $\mathfrak{a}_1 = x_1\mathfrak{a} \in \mathfrak{M}$, $\mathfrak{a}_2 = x_2\mathfrak{a} \in \mathfrak{M}$.
   Mit (V_3) ist dann $\mathfrak{a}_1 + \mathfrak{a}_2 = (x_1 + x_2)\mathfrak{a}$ ein Element von $\mathfrak{M}$, da $x_1 + x_2 \in \mathbb{R}$. $\mathfrak{M}$ erfüllt damit die Voraussetzungen von Satz 1, ist also ein Unterraum. Es sind alle Verschiebungen, welche jede zu $\mathfrak{a}$ parallele Gerade in sich überführt.
3. a) z. B. $\begin{pmatrix} 2 & 5 \\ 5 & 4 \end{pmatrix}$ b) Ist $\mathfrak{a} = \begin{pmatrix} a_1 & b_1 \\ b_1 & c_1 \end{pmatrix}$, $\mathfrak{b} = \begin{pmatrix} a_2 & b_2 \\ b_2 & c_2 \end{pmatrix}$, so sind

   $\mathfrak{a}+\mathfrak{b} = \begin{pmatrix} a_1 + a_2 & b_1 + b_2 \\ b_1 + b_2 & c_1 + c_2 \end{pmatrix}$ und $x\mathfrak{a} = \begin{pmatrix} xa_1 & xb_1 \\ xb_1 & xc_1 \end{pmatrix}$ ebenfalls symmetrische

   Matrizen. Das Kriterium für Unterräume (Satz 1) ist damit erfüllt.

12. Erzeugendensysteme in Vektorräumen

1. a) $(-25\frac{3}{4}; \frac{3}{4}; 28; 20\frac{1}{2})$ b) $(-2; -\frac{15}{16}; 3\frac{3}{4}; 4\frac{3}{4})$
   c) $(-1; 2; -4; -6)$

2.

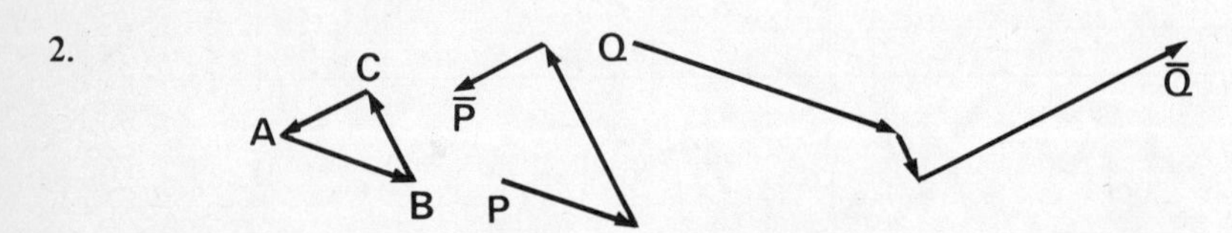

3. a) $\begin{pmatrix} 8\frac{3}{4} & 16\frac{3}{8} & 32\frac{3}{16} \\ 16\frac{3}{8} & 32\frac{3}{16} & 64\frac{3}{32} \end{pmatrix}$ b) $\begin{pmatrix} 1\frac{1}{2} & 3\frac{3}{4} & 7\frac{7}{8} \\ 3\frac{3}{4} & 7\frac{7}{8} & 15\frac{15}{16} \end{pmatrix}$

4. a) $x \mapsto 3 - 4x + 2x^2$ b) $x \mapsto -1 + \frac{5}{2}x + \frac{1}{2}x^2$

c) $x \mapsto \frac{2}{3} - \frac{7}{3}x - x^2$ d) $x \mapsto \frac{1}{5} + \frac{4}{15}x + \frac{2}{3}x^2$

5. a) $3(1;0) + 5(0;1)$ b) $-2(1;0) + \frac{3}{4}(0;1)$ c) $\sqrt{2}(1;0) + 0(0;1)$

d) $0(1;0) + 1(0;1)$ e) $-1(1;0) + 0(0;1)$

6. a) $\frac{3}{2}(2;0) + \frac{5}{3}(0;3)$ b) $-(2;0) + \frac{1}{4}(0;3)$ c) $\frac{\sqrt{2}}{2}(2;0)$

d) $\frac{1}{3}(0;3)$ e) $-\frac{1}{2}(2;0)$

7. Ansatz: $x_1(2;3) + x_2(5;7) = (a;b)$ mit $a, b \in \mathbb{R}$.
Dazu äquivalent ist das Gleichungssystem: $2x_1 + 5x_2 = a$, $3x_1 + 7x_2 = b$ bzw. $x_1 = 5b - 7a$, $x_2 = 3a - 2b$
Die Vektorgleichung ist damit bei jeder Wahl von a, b eindeutig erfüllbar, nämlich durch $(5b - 7a; 3a - 2b)$. Jeder Vektor (a, b) ist daher als Linearkombination von $(2;3)$ und $(5;7)$ darstellbar, diese beiden Vektoren bilden damit ein ES.

13. Linear abhängige und linear unabhängige Vektoren

1. $\mathfrak{a}$, $\mathfrak{b}$ sind linear unabhängig, wenn O, P, Q ein Dreieck bestimmen.
$\mathfrak{a}$, $\mathfrak{b}$ sind linear abhängig, wenn Q auf der Gerade (OP) liegt.
$\mathfrak{a}$ ist nicht der Nullvektor ($\mathfrak{a}$ ist der Nullvektor).
2. drei Strecken: Sie bestimmen eine dreiseitige Pyramide.
zwei Strecken: Sie bestimmen ein Dreieck:
eine Strecke: Sie ist nicht die Nullstrecke.
3. a) $x_1(-1;1) + x_2(1;1) = (0;0)$ oder $-x_1 + x_2 = 0$, $x_1 + x_2 = 0$ hat nur die triviale Lösung $(0;0)$.
b) $x_1(-1;1) + x_2(1;-1) = (0;0)$ oder $-x_1 + x_2 = 0$, $x_1 - x_2 = 0$ Alle Paare $(x_1; x_2)$ mit $x_1 = x_2$ sind Lösungen.
c) $x_1(-1;1) + x_2(1;1) = (-1;2)$ oder $-x_1 + x_2 = -1$, $x_1 + x_2 = 2$ Lösungspaar $(\frac{3}{2}; \frac{1}{2})$
Die drei Vektoren sind linear unabhängig.
4. $x_1\begin{pmatrix} 1 & 1 \\ -1 & 2 \end{pmatrix} + x_2\begin{pmatrix} -1 & 1 \\ 2 & 1 \end{pmatrix} = \begin{pmatrix} 0 & 0 \\ 0 & 0 \end{pmatrix}$ oder $x_1 - x_2 = 0$; $x_1 + x_2 = 0$; $-x_1 + 2x_2 = 0$; $2x_1 + x_2 = 0$
Es gibt hier nur die triviale Lösung. $\mathfrak{a}$ und $\mathfrak{b}$ sind linear unabhängig. Da $\mathfrak{a}$ nicht die Nullmatrix ist, ist $\mathfrak{a}$ allein linear unabhängig.
5. Es ist $\mathfrak{c} = -\frac{1}{2}\mathfrak{a} + \frac{1}{2}\mathfrak{b}$, also sind $\mathfrak{a}, \mathfrak{b}, \mathfrak{c}$ linear abhängig. $\mathfrak{b}, \mathfrak{c}$ sind linear unabhängig. $\mathfrak{c}$ ist linear unabhängig.
6. a) $(4;11)$ b) $(4;11)$ c) $(4;11)$ d) $(4;11)$
$(1;3), (2;1), (2;2)$ sind linear abhängig.
7. $-2x_1 + x_2 = a$ und $x_1 - 2x_2 = b$; eindeutig lösbar.
8. Annahme: Die Vektoren $\mathfrak{a}_1, \ldots, \mathfrak{a}_i$ mit $i < n$ sind linear abhängig. Dann kann einer dieser Vektoren als Linearkombination der anderen dargestellt werden, z. B.
$\mathfrak{a}_1 = x_2\mathfrak{a}_2 + \ldots + x_i\mathfrak{a}_i$. Dann gilt auch
$\mathfrak{a}_1 = x_2\mathfrak{a}_2 + \ldots + x_i\mathfrak{a}_i + 0\mathfrak{a}_{i+1} + \ldots + 0\mathfrak{a}_n$,
(oder auch $+1\mathfrak{a}_1 - x_2\mathfrak{a}_2 + \ldots - x_i\mathfrak{a}_i + \ldots + 0\mathfrak{a}_n = 0$), d. h. die Vektoren sind linear abhängig. Aus diesem Widerspruch zur Voraussetzung folgt, daß die Annahme falsch ist.

14. Lineare Abhängigkeit und Unabhängigkeit im Vektorraum $\mathbb{R}^n$

1. a) nein b) ja c) ja

2. linear unabhängig sind:

$(2; 1), (1; 2)$; $(2; 1), (-1; 2)$; $(2; 1), (2; -1)$;
$(1; 2), (-1; 2)$; $(1; 2), (2; -1)$; $(-1; 2), (2; -1)$

linear abhängig sind:

$(2; 1), (1; 2), (-1; 2)$; $(2; 1), (1; 2), (2; -1)$;
$(1; 2), (-1; 2), (2; -1)$; $(2; 1), (1; 2), (-1; 2), (2; -1)$

3. linear abhängig

4. vieldeutig $x(1; 0; -1) + [x - 3] \cdot (-1; 0; 1) + \frac{1}{2}(0; 1; 1)$

5. $3\mathfrak{a}_1 - 2\mathfrak{a}_2 - \mathfrak{a}_3 = (6 + 2 - 5; 3 + 4 - 4; 9 + 0 - 6) = (3; 3; 3)$
$-3\mathfrak{a}_1 + \mathfrak{a}_2 + 2\mathfrak{a}_3 = (-6 - 1 + 10; -3 - 2 + 8; -9 + 12) = (3; 3; 3)$
$\mathfrak{a}_1, \mathfrak{a}_2, \mathfrak{a}_3$ sind linear abhängig.

6. a) $\frac{1}{2}(1; 1) - \frac{9}{2}(-1; 1)$

b) $\frac{2}{75}(2; 3) + \frac{18}{25}(-1; 1)$, $-\frac{4}{55}(\frac{1}{2}; 2) - \frac{104}{165}(1; -\frac{3}{2})$

7. $3\mathfrak{a} + 2\mathfrak{b} - 6\mathfrak{c}$

8. $x_1(1; 2; -1) + x_2(-1; 2; 1) + x_3(1; -2; 1) = \mathfrak{o}$; $x_1 = x_2 = x_3 = 0$; ist ein ES.

9. a) $x_1(1; 2; 0) + x_2(0; 1; 2)$; $x_1 = x_2 = 0$; linear unabhängig

b) z. B. $(1; 1; 1), (1; 3; 1), (2; 2; 3)$

10. Nur $(0; 0)$ ist linear abhängig, sonst linear unabhängig.

11. $\mathbb{R}^1 = \{(a) \mid a \in \mathbb{R}\}$, 1 linear unabhängiger Vektor

12. a) gleicher Vektor

b) verschiedene Vektoren; ist $\mathfrak{a}_3 = 3\mathfrak{a}_2$, so liegt derselbe Vektor vor.

13. Voraussetzung: $x\mathfrak{a} + y\mathfrak{b} = \mathfrak{o}$ ist nur durch $x = y = 0$ erfüllbar.

Betrachte die Linearkombination

$T = s(\mathfrak{a} + \mathfrak{b}) + t(\mathfrak{a} - \mathfrak{b})$ $T' = s'(\mathfrak{a} + \mathfrak{b}) + t'(\mathfrak{a} + 2\mathfrak{b})$
$= (s + t)\mathfrak{a} + (s - t)\mathfrak{b}$ $= (s' + t')\mathfrak{a} + (s' + 2t')\mathfrak{b}$

$T = \mathfrak{o}$ bzw. $T' = \mathfrak{o}$ ist nach Voraussetzung nur dann erfüllbar, wenn gilt

$s + t = 0$ und $s - t = 0$ $s' + t' = 0$ und $s' + 2t' = 0$ bzw.
$s = 0$ und $t = 0$ $s' = 0$ und $t' = 0$. d. h.
$\mathfrak{a} + \mathfrak{b}$ und $\mathfrak{a} - \mathfrak{b}$ $\mathfrak{a} + \mathfrak{b}$ und $\mathfrak{a} + 2\mathfrak{b}$

sind linear unabhängig.

14. Ist z. B. $\mathfrak{a}_n = \mathfrak{o}$, so gilt $0\mathfrak{a}_1 + 0\mathfrak{a}_2 + \ldots + 0\mathfrak{a}_{n-1} + x\mathfrak{a}_n = \mathfrak{o}$ mit $x \in \mathbb{R}$;
$\mathfrak{a}_1, \mathfrak{a}_2, \ldots, \mathfrak{a}_n$ sind also linear abhängig.
Sind $\mathfrak{a}_1, \mathfrak{a}_2, \ldots, \mathfrak{a}_n$ linear unabhängig, so ist keiner dieser Vektoren der Nullvektor.

15. Voraussetzung: $x_1\mathfrak{a}_1 + x_2\mathfrak{a}_2 + \ldots + x_n\mathfrak{a}_n = \mathfrak{o}$ ist erfüllbar, wobei mindestens eine der Zahlen x_i nicht Null ist. Es sei z. B. $x_1 \neq 0$.
$x_1\mathfrak{a}_1 + \ldots + x_n\mathfrak{a}_n + x_{n+1}\mathfrak{a}_{n+1} + \ldots + x_m\mathfrak{a}_m = \mathfrak{o}$ ist dann erfüllbar, wobei $x_1 \neq 0$ ist. Die Vektoren von $\mathfrak{M}_1$ sind damit auch linear abhängig.

15. Basen eines Vektorraumes

1. $x_1(-2; 0) + x_2(-2; 1) = \mathfrak{o}$ ist nur für $x_1 = x_2 = 0$ erfüllbar. $\mathfrak{M}$ ist eine Basis.

2. $-\frac{11}{7}(2; -1) + \frac{8}{7}(1; 3)$; $\frac{8}{3}(1; 1) - \frac{7}{3}(2; -1)$

3. $x + z = 0,\ y + z = 0,\ x = 0$ oder $x = y = z = 0$, d. h. $\mathfrak{B}$ ist eine Basis.
$2(1;0;1) + \frac{1}{2}(0;1;0) - \frac{3}{2}(1;1;0)$

4. a) z. B. $(0;0;2)$ kann nicht als Linearkombination von $(1;0;0)$ und $(0;1;0)$ dargestellt werden. $\mathfrak{M}_1$ ist also kein ES.
b) Die Vektoren von $\mathfrak{M}_2$ sind linear abhängig, es ist z. B.
$(2;1;0) - (2;0;1) + (0;1;2) = (0;2;1)$

5. a) $2 \cdot 1 - 1 \cdot x + 3 \cdot x^2$
b) $x_1 \cdot 1 + x_2(1-x) + x_3(1-x^2) = 2 - x + 3x^2$ bzw.
$(x_1 + x_2 + x_3) - x_2 x - x_3 x^2 \quad = 2 - x + 3x^2$. Koeffizientenvergleich gibt:

$$\begin{aligned} x_1 + x_2 + x_3 &= 2 \\ -x_2 &= -1 \\ -x_3 &= 3 \end{aligned}$$

bzw. $x_1 = 4,\ x_2 = 1,\ x_3 = -3$. Damit lautet die Darstellung:
$4 \cdot 1 + 1 \cdot (1-x) - 3 \cdot (1-x^2)$.
c) $x_1 \cdot 2 + x_2 \cdot 3x + x_3(-x^2) = 2 - x + 3x^2$. Koeffizientenvergleich gibt:
$x_1 = 1,\ 3x_2 = -1,\ -x_3 = 3$; Darstellung: $1 \cdot 2 - \frac{1}{3} \cdot 3x - 3 \cdot (-x^2)$

6. Da $x\mathfrak{o} = \mathfrak{o}$ außer 0 auch jede andere reelle Zahl als Lösung hat, ist die Menge $\{\mathfrak{o}\}$ linear abhängig, Basis $\{\ \}$.

7. Basis: z. B. $\left\{\begin{pmatrix}1 & 0\\0 & 0\end{pmatrix}, \begin{pmatrix}0 & 1\\0 & 0\end{pmatrix}, \begin{pmatrix}0 & 0\\1 & 0\end{pmatrix}, \begin{pmatrix}0 & 0\\0 & 1\end{pmatrix}\right\}$ oder

$$\left\{\begin{pmatrix}1 & 0\\0 & 0\end{pmatrix}, \begin{pmatrix}0 & 2\\0 & 0\end{pmatrix}, \begin{pmatrix}0 & 0\\3 & 0\end{pmatrix}, \begin{pmatrix}0 & 0\\0 & 4\end{pmatrix}\right\}$$

$$\begin{pmatrix}1 & 1\\2 & 4\end{pmatrix} = \begin{pmatrix}1 & 0\\0 & 0\end{pmatrix} + \begin{pmatrix}0 & 1\\0 & 0\end{pmatrix} + 2\begin{pmatrix}0 & 0\\1 & 0\end{pmatrix} + 4\begin{pmatrix}0 & 0\\0 & 1\end{pmatrix}$$

$$= \begin{pmatrix}1 & 0\\0 & 0\end{pmatrix} + \frac{1}{2}\begin{pmatrix}0 & 2\\0 & 0\end{pmatrix} + \frac{2}{3}\begin{pmatrix}0 & 0\\3 & 0\end{pmatrix} + \begin{pmatrix}0 & 0\\0 & 4\end{pmatrix}$$

8. Da $\mathfrak{W}$ ein Vektorraum ist, gilt $\mathfrak{x} \in \mathfrak{W}$.
Sind $m \leqq n$ der Vektoren $\mathfrak{a}_1, \ldots, \mathfrak{a}_n$ linear unabhängig, z. B. $\mathfrak{a}_1, \ldots, \mathfrak{a}_m$, so ist
I. die Menge $\mathfrak{M}$ aller Vektoren $\mathfrak{y} = y_1\mathfrak{a}_1 + \ldots + y_m\mathfrak{a}_m$ ein Vektorraum mit $\mathfrak{M} \subset \mathfrak{W}$,
II. jeder der Vektoren $\mathfrak{a}_{m+1}, \ldots, \mathfrak{a}_n$ als Linearkombination der $\mathfrak{a}_1, \ldots, \mathfrak{a}_m$ darstellbar.
Wegen II und mit den Gesetzen des Vektorraumes ist jeder Vektor $\mathfrak{x}$ als Linearkombination der $\mathfrak{a}_1, \ldots, \mathfrak{a}_m$ darstellbar. Die Menge der Vektoren $\mathfrak{x}$ ist damit $\mathfrak{M}$.
Nach I ist $\mathfrak{M}$ ein Unterraum von $\mathfrak{W}$.

9. a) ein Element, z. B. 1.
b) Sind p, q zwei Primzahlen, so gibt es keine Zahl $x \in \mathbb{Q}$ welche $\sqrt{p} = x\sqrt{q}$ erfüllt. Da es aber unendlich viele Primzahlen gibt, hat der Vektorraum $\mathbb{R}^1$ über $\mathbb{Q}$ keine endliche Basis.

16. Koordinaten eines Vektors in bezug auf eine Basis

1.

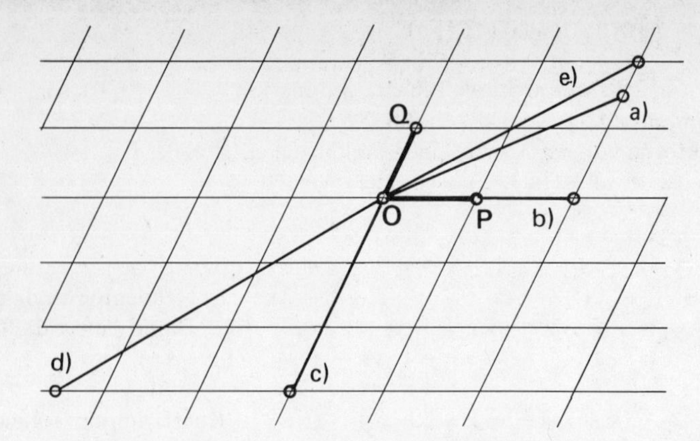

2. a) Ansatz: $x_1 \cdot 1 + x_2 \cdot 2x + x_3 \cdot x^2 - x_4 \cdot x^3 = 0$ für alle $x \in \mathbb{R}$. Koeffizientenvergleich gibt $x_1 = x_2 = x_3 = x_4 = 0$, d. h. linear unabhängig.

   b) $4 - 2x^2 - 3x^3$ c) $(0; \frac{1}{2}; 3; 2)$

3. a) I. Jedes Element $\mathfrak{w} = (a; b; c)$ ist eindeutig als Linearkombination der Elemente von $\mathfrak{L}$ darstellbar:

   $x_1(1; 1; 1) + x_2(0; 1; 1) + x_3(0; 0; 1) = (a; b; c)$ bzw.

   $$\begin{aligned} x_1 \qquad\quad &= a \\ x_1 + x_2 \quad &= b \\ x_1 + x_2 + x_3 &= c \end{aligned} \quad \text{bzw.} \quad \begin{aligned} x_1 &= a \\ x_2 &= b - a \\ x_3 &= c - b \end{aligned}$$

   Stets gibt es genau eine Lösung: $(a; b - a; c - b)$.

   II. Für $\mathfrak{w} = (0; 0; 0)$ ist die Lösung $(0; 0; 0)$. Die Elemente von $\mathfrak{L}$ sind also linear unabhängig.

   b) $(-\frac{1}{2}; -\frac{1}{2}; \frac{5}{2})$ c) $(3; -2; -5)$

4. $\mathfrak{b}_1 = (1; 0; 0; \ldots; 0)$, $\mathfrak{b}_2 = (0; 1; 0; \ldots; 0)$, $\ldots$, $\mathfrak{b}_n = (0; 0; \ldots; 0; 1)$

5. a) $(2; -3), (-3; 5)$ b) $(1; 1; 1; 1), (\frac{1}{2}; \frac{1}{3}; -1; 2)$

6. a) $(3; -4; 1)$ b) $(1; -2; 1)$ c) $(\frac{13}{3}; -\frac{19}{3}; 2)$ d) $(-\frac{13}{4}; \frac{21}{4}; -2)$

   e) $(\frac{16}{3}; -6; \frac{2}{3})$

7. $\mathfrak{y} = 3(1; 1) - (1; 0) = (2; 3) = \mathfrak{c}$

8. a) $(kx_1; \ldots; kx_n)$ b) $(x_1 + y_1; \ldots; x_n + y_n)$ c) $(x_1 - y_1; \ldots; x_n - y_n)$

   d) $(kx_1 - 2y_1; \ldots; kx_n - 2y_n)$ e) $(0; \ldots; 0)$

9. a) I. Jedes Element $\mathfrak{w} = \begin{pmatrix} a & b \\ c & d \end{pmatrix}$ des Vektorraumes ist eindeutig als Linearkombination der Elemente von $\mathfrak{L}$ darstellbar:

   $$x_1 \begin{pmatrix} 1 & 1 \\ 1 & 1 \end{pmatrix} + x_2 \begin{pmatrix} 0 & -1 \\ 1 & 0 \end{pmatrix} + x_3 \begin{pmatrix} 1 & -1 \\ 0 & 0 \end{pmatrix} + x_4 \begin{pmatrix} 1 & 0 \\ 0 & 0 \end{pmatrix} = \begin{pmatrix} a & b \\ c & d \end{pmatrix} \quad \text{bzw.}$$

   $$\begin{aligned} x_1 \qquad\;\; + x_3 + x_4 &= a \\ x_1 - x_2 - x_3 \qquad &= b \\ x_1 + x_2 \qquad\qquad &= c \\ x_1 \qquad\qquad\qquad &= d \end{aligned} \quad \text{bzw.} \quad \begin{aligned} x_4 &= a + b + c - 3d \\ x_3 &= 2d - c - b \\ x_2 &= c - d \\ x_1 &= d \end{aligned}$$

   Stets gibt es genau eine Lösung: $(d; c - d; 2d - c - b; a + b + c - 3d)$.

II. Für $\mathfrak{o} = \begin{pmatrix} 0 & 0 \\ 0 & 0 \end{pmatrix}$ ist die Lösung (0; 0; 0; 0), d. h. die Elemente von $\mathcal{B}$ sind linear unabhängig.

b) $\begin{pmatrix} -\frac{9}{10} & -\frac{3}{2} \\ \frac{3}{2} & -\frac{1}{2} \end{pmatrix}$ c) (− 7; 11; − 21; 30)

10. $(-2; 0; -\frac{3}{2})$

11. $\mathcal{B}_1 = \left\{ \begin{pmatrix} 1 & 0 \\ 0 & 0 \end{pmatrix}, \begin{pmatrix} 0 & 0 \\ 0 & 1 \end{pmatrix}, \begin{pmatrix} 0 & 1 \\ 1 & 0 \end{pmatrix} \right\}$; (3; 3; 3) oder

$\mathcal{B}_2 = \left\{ \begin{pmatrix} 1 & 0 \\ 0 & 0 \end{pmatrix}, \begin{pmatrix} 1 & 0 \\ 0 & 1 \end{pmatrix}, \begin{pmatrix} 0 & 1 \\ 1 & 0 \end{pmatrix} \right\}$; (0; 3; 3)

17. Dimension eines Vektorraumes

1. a) 1 b) 3

2. z. B. Menge aller Polynome $a_1x + a_2x^2$ mit $\mathcal{B}_1 = \{x; x^2\}$
$a_1 + a_2x$ mit $\mathcal{B}_2 = \{1; x\}$

3. 1 (2; 3)

4. zueinander parallele Verschiebungen

5. m · n

6. a) Wegen $\begin{pmatrix} a_1 & 0 \\ 0 & a_2 \end{pmatrix} + \begin{pmatrix} b_1 & 0 \\ 0 & b_2 \end{pmatrix} = \begin{pmatrix} a_1 + b_1 & 0 \\ 0 & a_2 + b_2 \end{pmatrix}$ ist diese Menge $\mathcal{W}$ bez. der Matrizenaddition abgeschlossen. Da ferner

$x \begin{pmatrix} a_1 & 0 \\ 0 & a_2 \end{pmatrix} = \begin{pmatrix} xa_1 & 0 \\ 0 & xa_2 \end{pmatrix} \subset \mathcal{W}$ gilt, ist $\mathcal{W}$ nach Paragraph 11 Satz 1 ein Unterraum, und damit ein Vektorraum.

b) z. B. $\left\{ \begin{pmatrix} 2 & 0 \\ 0 & 0 \end{pmatrix}, \begin{pmatrix} 0 & 0 \\ 0 & 3 \end{pmatrix} \right\}$, $\dim \mathcal{W} = 2$.

7. 3

8. $x_1 \neq 0$ und $x_2 \neq 0$ (entweder $x_1 = 0$ oder $x_2 = 0$; $x_1 = x_2 = 0$)

9. Betrachte zwei eindimensionale Unterräume $\mathcal{W}_1$ (erzeugt von $\mathfrak{a}_1$) und $\mathcal{W}_2$ (erzeugt von $\mathfrak{a}_2$). $\mathcal{W}_1$ und $\mathcal{W}_2$ seien verschieden, d. h. für alle $x_1, x_2 \in \mathbb{R} \setminus \{0\}$ ist $x_1\mathfrak{a}_1 \neq x_2\mathfrak{a}_2$. Wegen $0\mathfrak{a}_1 = \mathfrak{o} \in \mathcal{W}_1$ und $0\mathfrak{a}_2 = \mathfrak{o} \in \mathcal{W}_2$ haben $\mathcal{W}_1$ $\mathcal{W}_2$ genau $\mathfrak{o}$ gemeinsam.

10. Da $\mathcal{W}_1$ ein Vektorraum ist, gilt $x\mathfrak{a} \in \mathcal{W}_1$ mit $x \in \mathbb{R}$.
Da $\mathcal{W}_2$ ein Vektorraum ist, gilt $x\mathfrak{a} \in \mathcal{W}_2$ mit $x \in \mathbb{R}$.
Also ist $x\mathfrak{a} \in \mathcal{W}_1 \cap \mathcal{W}_2$ mit $x \in \mathbb{R}$. Damit ist $\mathcal{W}_1 \cap \mathcal{W}_2$ mindestens der von $\mathfrak{a}$ erzeugte 1dimensionale Vektorraum.

18. Die Vektorräume $\mathbb{R}^n$

1.

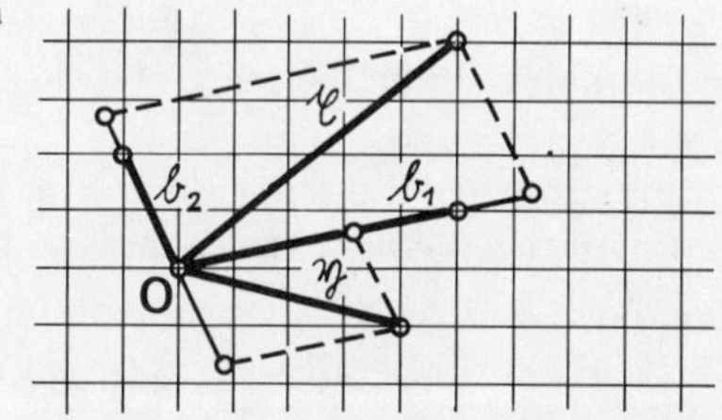

2. a) $(0; -3; 9)$ b) $(12; -7; 17)$ c) $(\frac{3}{4}; \frac{3}{4}; -\frac{5}{2})$ d) $(24; -10; 22)$

3. a) $-1 + \frac{2}{3}x - 4x^2 + 2x^3$ b) $(3; -2; 0; 4)$

4. a) $2 - 3x - x^2$

b) $1 + x + x^2 = 2x_1 + x_2(1 + x) + x_3(1 - x^2)$ bzw.

$$\begin{matrix} 1 = 2x_1 + x_2 + x_3 & & x_3 = -1 \\ 1 = x_2 & \text{bzw.} & x_2 = 1 \quad ; \\ 1 = -x_3 & & x_1 = \frac{1}{2} \end{matrix}$$

Lösung: $(\frac{1}{2}; 1; -1)$

5. a) $x_i = -y_i$; verschiedene Vorzeichen b) $x_i = 0$; $y_i \neq 0$

6. a) $\begin{pmatrix} 0 & -1 \\ 1 & 0 \end{pmatrix}$, $\mathfrak{B}_1$: $(0; -1; 1; 0)$

$$\begin{pmatrix} 0 & -1 \\ 1 & 0 \end{pmatrix} = x_1\begin{pmatrix} 1 & 0 \\ 0 & 0 \end{pmatrix} + x_2\begin{pmatrix} 1 & 1 \\ 0 & 0 \end{pmatrix} + x_3\begin{pmatrix} 1 & 1 \\ 1 & 0 \end{pmatrix} + x_4\begin{pmatrix} 1 & 1 \\ 1 & 1 \end{pmatrix} \text{ bzw.}$$

$$\begin{aligned} 0 &= x_1 + x_2 + x_3 + x_4 \\ -1 &= x_2 + x_3 + x_4 \\ 1 &= x_3 + x_4 \\ 0 &= x_4; \end{aligned}$$

$\mathfrak{B}_2$: $(1; -2; 1; 0)$

b) $\begin{pmatrix} 3 & -1 \\ 1 & 1 \end{pmatrix}$; $\begin{pmatrix} -0{,}5 & -0{,}5 \\ -2{,}5 & 0{,}5 \end{pmatrix}$; $(4; 0; -3; 1{,}5) = (4 + 0; -2 + 2; 0 - 3; 1 + 0{,}5)$

7. $a_1 + a_2x + a_3x^2 \mapsto (a_1; a_2; a_3)$

8. $\begin{pmatrix} a_1 & a_2 \\ a_2 & a_3 \end{pmatrix} \mapsto (a_1; a_2; a_3)$

9. $\mathbb{R}^2$

19. Vermischte Aufgaben

1. a) $\mathfrak{b} + \mathfrak{a}$ b) $\mathfrak{a} - \mathfrak{c}$ c) $\mathfrak{o}$ d) $-\mathfrak{b} - \mathfrak{a}$ e) $\mathfrak{a} - \mathfrak{b}$

f) $\mathfrak{b} - \mathfrak{a}$ g) $\mathfrak{a} + 2\mathfrak{b}$ h) $\frac{1}{2}\mathfrak{a}$ i) $2(\mathfrak{b} + \mathfrak{a})$ k) $\frac{4}{3}(\mathfrak{a} - \mathfrak{b})$

l) $\frac{3}{4}\mathfrak{b}$ m) $\mathfrak{a} + \frac{1}{3}\mathfrak{b}$ n) $\frac{7}{6}\mathfrak{a}$ o) $\frac{3}{4}\mathfrak{a}$ p) $4\mathfrak{a}$ q) $\frac{9}{22}\mathfrak{b}$

2. a) $-\mathfrak{b}$ b) $\mathfrak{o}$ c) $\mathfrak{o}$ d) $\mathfrak{b}$

3. a) Addition: $(a_1 + a'_1)x + (a_2 + a'_2)y + (a_3 + a'_3)z = b + b'$

S-Multiplikation: $ka_1x + ka_2y + ka_3z = kb$

b) $0x + 0y + 0z = 0$; z.B. $5x - 7y - 2z = 6$ invers $-5x + 7y + 2z = -6$

c) $9x - \frac{7}{2}y - z = \frac{7}{2}$

4. Gegeben ist also $S = \{f \mid f\colon x \mapsto a \cdot \sin x + b \cdot \cos x \text{ und } a, b \in \mathbb{R}\}$.

Ist $f_1\colon x \mapsto a_1 \sin x + b_1 \cos x$; $f_2\colon x \mapsto a_2 \sin x + b_2 \cos x$, so sei

$f_1 + f_2\colon x \mapsto (a_1 + a_2)\sin x + (b_1 + b_2)\cos x$ (innere Verknüpfung)

$kf\colon x \mapsto (ka)\sin x + (kb)\cos x$ (äußere Verknüpfung).

$f_1 + f_2$ entspricht der Addition der Zahlenpaare:

$(a_1; b_1) \dotplus (a_2; b_2) = (a_1 + a_2; b_1 + b_2)$,

kf entspricht der S-Multiplikation von Zahlenpaaren: $k(a; b) = (ka; kb)$.

S ist mit den erklärten Verknüpfungen ein Vektorraum über $\mathbb{R}$.

5. a) Ist $\mathfrak{s}$ die Spiegelung an der Gerade g, so ist es sinnvoll für die Verkettung von $\mathfrak{s}$ mit $\mathfrak{s}$ zu schreiben $\mathfrak{s} \circ \mathfrak{s} = 2\mathfrak{s}$. Mit $\mathfrak{s} \circ \mathfrak{s} = \mathfrak{o}$ gilt dann $2\mathfrak{s} = \mathfrak{o}$. Dann würde $\frac{1}{2}(2\mathfrak{y}) = \frac{1}{2}\mathfrak{o}$ zur Folge haben $\mathfrak{y} = \mathfrak{o}$. Kürzer gesagt: $\frac{1}{2}\mathfrak{y}$ kann kein Sinn zugeordnet werden. – Es ist kein Vektorraum.

b) Die Menge M aller Streckungen S_k mit festem Zentrum und Streckungsfaktor $k \in \mathbb{R} \setminus \{0\}$ ist bez. des Verkettens eine kommutative Gruppe.
(innere Verknüpfung $S_a + S_b = S_a \circ S_b = S_{a \cdot b}$; neutrales Element $S_1 = \mathfrak{o}$)
Wegen $2S_k = S_k + S_k = S_{k^2}$ liegt es nahe als S-Multiplikation (äußere Verknüpfung) zu definieren $xS_k = S_{k^x}$ mit $x \in \mathbb{R}$. Dann wäre $\frac{1}{2}S_{-1} = S_{(-1)^{\frac{1}{2}}}$. Da $(-1)^{\frac{1}{2}} \notin \mathbb{R}$, ist $\frac{1}{2}S_{-1}$ kein Zeichen für ein Element von M. Es liegt somit kein Vektorraum vor.
Beachte: Beschränkt man M auf $k > 0$, so liegt ein Vektorraum vor.

c) Die Menge M dieser Streckungen S_k mit Streckungsfaktor $k \in \mathbb{R} \setminus \{0\}$ ist bez. des Verkettens eine kommutative Gruppe. Fortsetzung siehe b). Bei $k \in \mathbb{R} \setminus \{0\}$ kein Vektorraum; bei $k > 0$ Vektorraum.

6. Ist $a_{12} \neq 0, a_{21} \neq 0$, so ist $0\begin{pmatrix} a_{11} & a_{12} \\ a_{21} & a_{22} \end{pmatrix} = \begin{pmatrix} 0 & a_{12} \\ a_{21} & 0 \end{pmatrix} \neq \begin{pmatrix} 0 & 0 \\ 0 & 0 \end{pmatrix}$, kein Vektorraum.

7. Setze

$$
\begin{aligned}
(\mathfrak{a} * \mathfrak{b})' &= x && / \text{ verknüpfe mit } \mathfrak{a} * \mathfrak{b} \\
(\mathfrak{a} * \mathfrak{b})' * (\mathfrak{a} * \mathfrak{b}) &= x * (\mathfrak{a} * \mathfrak{b}) \\
e &= (x * \mathfrak{a}) * \mathfrak{b} && / * \mathfrak{b}' \\
e * \mathfrak{b}' &= (x * \mathfrak{a}) * (\mathfrak{b} * \mathfrak{b}') \\
\mathfrak{b}' &= x * \mathfrak{a} && / * \mathfrak{a}' \\
\mathfrak{b}' * \mathfrak{a}' &= x * (\mathfrak{a} * \mathfrak{a}') \\
\mathfrak{b}' * \mathfrak{a}' &= x, \text{ also } (\mathfrak{a} * \mathfrak{b})' = \mathfrak{b}' * \mathfrak{a}'.
\end{aligned}
$$

Bei kommutativen Gruppen ist $(\mathfrak{a} * \mathfrak{b})' = \mathfrak{a}' * \mathfrak{b}'$.

8. a) In der Gruppe $(D_6, \circ)$, vgl. Lehrbuch Seite 21, ist $\delta_3 \circ \delta_3 = \delta_0 = \mathfrak{o}$, obwohl $\delta_3 \neq \delta_0$ ist.
b) $\mathfrak{a} + \mathfrak{a} = \mathfrak{o}$ gibt mit $\mathfrak{a} + \mathfrak{a} = (1 + 1)\mathfrak{a} = 2\mathfrak{a}$
$2\mathfrak{a} = \mathfrak{o}$. Multiplikation mit dem Skalar $\frac{1}{2} \in \mathbb{R}$ gibt $\frac{1}{2}(2\mathfrak{a}) = \frac{1}{2}\mathfrak{o}$ bzw.
$(\frac{1}{2} \cdot 2)\mathfrak{a} = \mathfrak{o}$ bzw. $\mathfrak{a} = \mathfrak{o}$.

9. a) Aus $x\mathfrak{a} = \mathfrak{a}$ folgt durch Addition von $(-\mathfrak{a})$ die Gleichung $x\mathfrak{a} - \mathfrak{a} = \mathfrak{o}$ bzw. $(x - 1)\mathfrak{a} = \mathfrak{o}$. Wegen $x \neq 1$ bzw. $x - 1 \neq 0$ ist nach Seite 30, Satz 2: $\mathfrak{a} = \mathfrak{o}$.
b) Aus $x\mathfrak{a} = (-x)\mathfrak{b}$ folgt durch Addition von $x\mathfrak{b}$
$x\mathfrak{a} + x\mathfrak{b} = (-x)\mathfrak{b} + x\mathfrak{b}$ bzw. $x(\mathfrak{a} + \mathfrak{b}) = (-x + x)\mathfrak{b}$ bzw. $x(\mathfrak{a} + \mathfrak{b}) = \mathfrak{o}$.
Wegen $x \neq 0$ ist nach Seite 30, Satz 2 $\mathfrak{a} + \mathfrak{b} = \mathfrak{o}$, d. h. $\mathfrak{a}$ ist invers zu $\mathfrak{b}$.
c) Aus $(x + y)\mathfrak{a} = \mathfrak{a}$ folgt durch Addition von $(-\mathfrak{a})$
$(x + y - 1)\mathfrak{a} = \mathfrak{o}$. Wegen $\mathfrak{a} \neq \mathfrak{o}$ ist nach Seite 30, Satz 2 $x + y - 1 = 0$.
d) Aus $(xy)\mathfrak{a} = \mathfrak{a}$ folgt durch Addition von $(-\mathfrak{a})$
$(xy - 1)\mathfrak{a} = \mathfrak{o}$. Wegen $\mathfrak{a} \neq \mathfrak{o}$ ist nach Seite 30, Satz 2 $xy - 1 = 0$.

10. a) $s(-2; 0; 1) + t(0; 1; 3) = (4; 1; 1)$ ist äquivalent zu

$$
\begin{aligned}
-2s &= 4 \\
t &= 1 \\
s + 3t &= 1
\end{aligned}
\quad \text{bzw.} \quad
\begin{aligned}
s &= -2 \\
t &= 1 \;\Downarrow \\
-2 + 3 \cdot 1 &= 1 \text{ wahre Aussage;}
\end{aligned}
$$

das Tripel ist eine Linearkombination.

b) $s(\frac{3}{4}; 1; -\frac{1}{2}) + t(1; \frac{4}{3}; -\frac{2}{3}) = (0; 3; -2)$ ist äquivalent zu

$$
\begin{aligned}
\tfrac{3}{4}s + t &= 0 \;\Rightarrow\; t = -\tfrac{3}{4}s \\
s + \tfrac{4}{3}t &= 3 \quad \Downarrow \quad s - s = 3 \text{ falsche Aussage,} \\
-\tfrac{1}{2}s - \tfrac{2}{3}t &= -2
\end{aligned}
$$

also gehört $(0; 3; -2)$ nicht zum Unterraum.

11. Die Polynome $1, -2x, 1 + x^2$ sind keine Linearkombination von $1 - 2x$ und x^2.

12. $a \neq b$

13. $(1; 2; 3)$ oder $(1; 1; 1)$ oder $(2; 3; 4)$

14. I. Das eine Tripel $\mathfrak{a}$ eines Paares $\{\mathfrak{a}, \mathfrak{b}\}$ ist kein Vielfaches von $\mathfrak{b}$.

II. $\frac{1}{2}(2; 0; 1) + 3(0; 1; 2) = (1; 3; \frac{13}{2})$

$-(2; 0; 1) + \frac{1}{2}(0; 1; 2) = (-2; \frac{1}{2}; 0)$

III. $\frac{2}{13}(1; 3; \frac{13}{2}) - \frac{12}{13}(-2; \frac{1}{2}; 0) = (2; 0; 1)$

$\frac{4}{13}(1; 3; \frac{13}{2}) + \frac{2}{13}(-2; \frac{1}{2}; 0) = (0; 1; 2)$ Es ist derselbe Vektorraum.

15. $r(1 - x) + s(1 + x) + t(1 - x^2) = a_0 + a_1 x + a_2 x^2$ bzw.

$(r + s + t) + (s - r)x - t x^2 = a_0 + a_1 x + a_2 x^2$ dazu äquivalent ist.

$$\begin{aligned} r + s + t &= a_0 \\ -r + s \quad &= a_1 \\ -t &= a_2 \end{aligned} \quad \text{bzw.} \quad \begin{aligned} r &= \tfrac{1}{2}(a_0 - a_1 + a_2) \\ s &= \tfrac{1}{2}(a_0 + a_1 + a_2) \\ t &= -a_2 \end{aligned}$$

16.

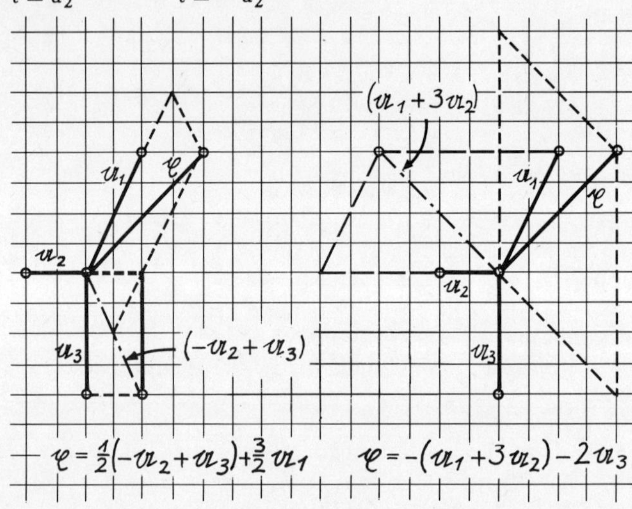

17. Allgemein: $\frac{1-t}{2} \cdot 2 + (1 + t)x + t(1 - x) + x^2$

Beispiele: $0 \cdot 2 + 2x + 1 \cdot (1 - x) + 1 \cdot x^2$; $-1 \cdot 2 + 4 \cdot x + 3 \cdot (1 - x) + 1 \cdot x^2$

18. $(a_1; 3a_1) + (a_2; 3a_2) = (a_1 + a_2; 3a_1 + 3a_2) = (a_1 + a_2; 3[a_1 + a_2]) = \mathfrak{c}$

$x(a; 3a) = (a; x \cdot 3a) = (xa; 3[xa]) = \mathfrak{w}$

Da $\mathfrak{c}$, $\mathfrak{w}$ Elemente der Menge sind, liegt ein Unterraum vor.

$((a_1; a_1 + 3) + (a_2; a_2 + 3) = (a_1 + a_2; a_1 + 3 + a_2 + 3) = (a_1 + a_2; a_1 + a_2 + 6)$

$\neq (a_1 + a_2; a_1 + a_2 + 3)$

Es ist kein Vektorraum.)

19. a), b): Nach Aufgabe 5 b, c enthält dieser Vektorraum nur die Streckungen S_k mit $k > 0$. Die Mengen $\{xS_2 \mid x \in \mathbb{Q}\}$, $\{xS_3 \mid x \in \mathbb{Q}\}$, $\{xS_5 \mid x \in \mathbb{Q}\}$ beispielsweise sind keine Unterräume.

Kleinster Unterraum: $\{xS_1 \mid x \in \mathbb{R}\} = \{S_1\}$

20. Ist $\mathfrak{c} = x_1 \mathfrak{b}_1 + x_2 \mathfrak{b}_2$, $\mathfrak{w} = y_1 \mathfrak{b}_1 + y_2 \mathfrak{b}_2$ mit $x_1, x_2, y_1, y_2 \in \mathbb{R}$, so gilt für die Linearkombination $s\mathfrak{c} + t\mathfrak{w} = \mathfrak{v}$ mit $s, t \in \mathbb{R}$:

$\mathfrak{v} = (sx_1 + ty_1)\mathfrak{b}_1 + (sx_2 + ty_2)\mathfrak{b}_2$. Also ist $\mathfrak{v}$ eine Linearkombination von $\mathfrak{b}_1$, $\mathfrak{b}_2$.

21. a) $s\,\mathfrak{a}_1 + t\,\mathfrak{a}_2 = \begin{pmatrix} 6 & -3 \\ -4 & 5 \end{pmatrix}$ ist äquivalent dem Gleichungssystem:

$$\begin{aligned} 2s \qquad &= 6 \\ s + 3t &= -3 \\ 2t &= -4 \\ -s - 4t &= 5 \end{aligned} \qquad \text{bzw.} \qquad \begin{aligned} s &= 3 \\ t &= -2; \end{aligned} \qquad \text{also} \qquad 3\,\mathfrak{a}_1 - 2\,\mathfrak{a}_2 = \begin{pmatrix} 6 & -3 \\ -4 & 5 \end{pmatrix}$$

b) $s\,\mathfrak{a}_1 + t\,\mathfrak{a}_2 = \begin{pmatrix} 1 & -1 \\ -1 & 1 \end{pmatrix}$ bzw. $\begin{aligned} 2s \qquad &= 1 \\ s + 3t &= -1 \\ 2t &= -1 \\ -s - 4t &= 1 \end{aligned}$ ist nicht erfüllbar.

Die Matrix gehört nicht zu dem Unterraum.

22. Ansatz: $r\begin{pmatrix} 2 & 0 \\ 1 & 0 \end{pmatrix} + s\begin{pmatrix} 0 & 0 \\ 2 & 1 \end{pmatrix} + t\begin{pmatrix} 2 & 0 \\ 0 & 0 \end{pmatrix} = \mathfrak{a}$

Die Gleichung ist bei $\mathfrak{a} = \begin{pmatrix} a & 0 \\ b & c \end{pmatrix}$ eindeutig erfüllt durch:

$r = \frac{1}{3}(a + b - 2c)$, $s = \frac{1}{6}(2b + 2c - a)$, $t = \frac{1}{6}(4c + a - 2b)$. Bei $\begin{pmatrix} -2 & 0 \\ 1 & 3 \end{pmatrix}$ ist $r = -\frac{7}{3}$, $s = \frac{5}{3}$, $t = \frac{4}{3}$.

23. $a_1x + a_2x = (a_1 + a_2)x$ und $k \cdot ax = (ka)x$ sind Polynome der Form ax; sie bilden einen Unterraum.
($[1 + a_1x] + [1 + a_2x] = 2 + [a_1 + a_2]x$ ist kein Polynom der Form $1 + ax$; diese Polynome bilden keinen Unterraum.
$[b_1 + a_1x] + [b_2 + a_2x] = [b_1 + b_2] + [a_1 + a_2]x$ und $k[a + bx] = [ka] + [kb]x$ sind Polynome der Form $a + bx$, sie bilden einen Unterraum.)

24. Beachte Seite 31, Satz 1.
Zu $\mathfrak{U}_1 \cap \mathfrak{U}_2$: I. Da $\mathfrak{U}_1, \mathfrak{U}_2$ Vektorräume sind, gilt $\mathfrak{o} \in \mathfrak{U}_1, \mathfrak{U}_2$. Also ist $\mathfrak{o} \in \mathfrak{U}_1 \cap \mathfrak{U}_2 = S$, d. h. S ist nicht leer.
II. Ist $\mathfrak{a}, \mathfrak{b} \in S$, so ist auch $\mathfrak{a}, \mathfrak{b} \in \mathfrak{U}_1, \mathfrak{U}_2$. Für $\mathfrak{U}_1, \mathfrak{U}_2$ als Vektorräume gilt dann $\mathfrak{a} + \mathfrak{b} \in \mathfrak{U}_1, \mathfrak{U}_2$ und $k\mathfrak{a} \in \mathfrak{U}_1, \mathfrak{U}_2$ mit $k \in \mathbb{R}$. Somit ist $\mathfrak{a} + \mathfrak{b} \in S$ und $k\mathfrak{a} \in S$. Also ist $S = \mathfrak{U}_1 \cap \mathfrak{U}_2$ ebenfalls ein Unterraum.
Zu $\mathfrak{U}_1 \cup \mathfrak{U}_2$: Betrachte von $\mathfrak{W} = \mathbb{R}^2$ die Unterräume $\mathfrak{U}_1 = \{(x_1; 0) \mid x_1 \in \mathbb{R}\}$ und $\mathfrak{U}_2 = \{(0; x_2) \mid x_2 \in \mathbb{R}\}$. Dann ist $\mathfrak{U}_1 \cup \mathfrak{U}_2 = \{(x_1; x_2) \mid x_1 = 0 \text{ oder } x_2 = 0\}$.
Für $(1; 0) \in \mathfrak{U}_1$ und $(0; 1) \in \mathfrak{U}_2$ gilt jedoch $(1; 0) + (0; 1) = (1; 1) \notin \mathfrak{U}_1 \cup \mathfrak{U}_2$.
Somit ist $\mathfrak{U}_1 \cup \mathfrak{U}_2$ im allgemeinen kein Vektorraum, und damit kein Unterraum.

25. Beachte Seite 31, Satz 1. – Ist $\mathfrak{a} \in \mathfrak{U}_1 \cap \mathfrak{U}_2$, so ist auch $\mathfrak{a} \in \mathfrak{U}_1$ und $\mathfrak{a} \in \mathfrak{U}_2$. Da $\mathfrak{U}_1, \mathfrak{U}_2$ Vektorräume sind, gilt $x\mathfrak{a} \in \mathfrak{U}_1$ und $x\mathfrak{a} \in \mathfrak{U}_2$ mit $x \in \mathbb{R}$. Also gilt auch $x\mathfrak{a} \in \mathfrak{U}_1 \cap \mathfrak{U}_2$. Ist $\mathfrak{a} \neq \mathfrak{o}$, so enthält $\{x\mathfrak{a} \mid x \in \mathbb{R}\}$ und damit $\mathfrak{U}_1 \cap \mathfrak{U}_2$ unendlich viele Elemente.

26. linear unabhängig

27. linear abhängig (linear unabhängig); x ist linear unabhängig.

28. $\mathfrak{a}_1$ und $\mathfrak{a}_2$ müssen linear unabhängig sein.

29. Nein, da die drei Tripel linear abhängig sind. Es ist nämlich
$2(3; 2; -1) - (1; -2; 3) = (5; 6; -5)$.

30. $s(\frac{1}{2}; \frac{2}{3}; \frac{3}{8}) + [-\frac{8}{15} - \frac{2}{3}s] \cdot (\frac{3}{4}; 1; \frac{9}{16}) = (-\frac{2}{5}; -\frac{8}{15}; -\frac{3}{10})$ mit $s \in \mathbb{R}$.
Es gibt unendlich viele verschiedene Linearkombinationen. Wegen
$\frac{3}{2}(\frac{1}{2}; \frac{2}{3}; \frac{3}{8}) = (\frac{3}{4}; 1; \frac{9}{16})$ sind diese zwei Vektoren schon linear abhängig.

31. linear abhängig, da $x(\mathfrak{a}-\mathfrak{b})+x(\mathfrak{b}-\mathfrak{c})-x(\mathfrak{a}-\mathfrak{c})=\mathfrak{o}$ für alle $x \in \mathbb{R}$
(linear unabhängig)

32. Aus $s\mathfrak{a}+t(y_1\mathfrak{a}+y_2\mathfrak{b})=\mathfrak{o}$ (*) bzw. $(s+ty_1)\mathfrak{a}+ty_2\mathfrak{b}=\mathfrak{o}$ folgt wegen der linearen Unabhängigkeit von $\mathfrak{a}$ und $\mathfrak{b}$: $s+ty_1=0$ und $ty_2=0$.
Ist $y_2=0$, so wird (*) erfüllt durch $t \neq 0$, $s=-ty_1$ und $t \in \mathbb{R}$. Ist $y_2 \neq 0$, so folgt $t=0$, $s=0$, dann sind $\mathfrak{a}$ und $y_1\mathfrak{a}+y_2\mathfrak{b}$ linear unabhängig.

33. Beachte Seite 33, Annahme mit Beispiel.
Im Vektorraum $\mathbb{R}^n$ läßt sich jeder beliebige Vektor als Linearkombination der n Vektoren $(1;0;\ldots;0),\ldots,(0;\ldots;0;1)$ darstellen. Daher können maximal n Vektoren linear unabhängig sein. $(n+1)$ Vektoren sind daher stets linear abhängig.

34. Nein. Sind $\mathfrak{a}$, $\mathfrak{b}$ linear unabhängig, so sind auch $\mathfrak{b}$, $\mathfrak{c}=2\mathfrak{a}$ linear unabhängig.
$\mathfrak{a}, \mathfrak{b}, \mathfrak{c}$ sind hier linear abhängig.

35. a) $\mathfrak{M}_1=\{(4;-1;3),(2;0;1)\}$
b) Nein, z. B. $\{(2;0;1),(4;-3;5)\}$
c) $s(4;-1;3)+t(2;0;1)=\mathfrak{o}$ oder
$$\begin{aligned} 4s+2t&=0\\ -s&=0\\ 3s+t&=0 \end{aligned}$$
ist nur erfüllbar für $(s;t)=(0;0)$
$(4;-1;3)$ und $(2;0;1)$ sind also linear unabhängig.

36. linear unabhängig

37. linear abhängig: $a=0$; linear unabhängig: $a \neq 0$.

38. $y_1 \neq 0, y_2 \neq 0, z_1 \neq 0, z_2 \neq 0$ und $y_1z_2-y_2z_1 \neq 0$

39. Da die $\mathfrak{a}_1,\ldots,\mathfrak{a}_r$, $\mathfrak{x}$ linear abhängig sind, ist $\mathfrak{x}$ eine Linearkombination der linear unabhängigen Vektoren $\mathfrak{a}_1,\ldots,\mathfrak{a}_r$. Nach Voraussetzung gilt dies für alle $\mathfrak{x} \in \mathfrak{W}$; also ist $\{\mathfrak{a}_1,\ldots,\mathfrak{a}_r\}$ ein ES.

40. a) $\{(1;0;0;0),\ (0;1;0;0),\ (0;0;1;0),\ (0;0;0;1)\}$; dim. 4
$\{(1;0;0;0),\ (1;1;0;0),\ (1;1;1;0),\ (1;1;1;1)\}$
b) $\{(1;0;0;0),\ (0;x;0;0),\ (0;0;x^2;0),\ (0;0;0;x^3)\}$; dim. 4
$\{(0;0;0;x^3),\ (0;0;x^2;x^3),\ (0;x;x^2;x^3),\ (1;x;x^2;x^3)\}$
c) $\left\{\begin{pmatrix}1&0\\0&0\end{pmatrix}, \begin{pmatrix}0&2\\0&0\end{pmatrix}, \begin{pmatrix}0&0\\3&0\end{pmatrix}, \begin{pmatrix}0&0\\0&4\end{pmatrix}\right\}$; dim. 4
$\left\{\begin{pmatrix}1&0\\0&0\end{pmatrix}, \begin{pmatrix}1&2\\0&0\end{pmatrix}, \begin{pmatrix}1&2\\1&0\end{pmatrix}, \begin{pmatrix}1&1\\1&1\end{pmatrix}\right\}$
d) $\left\{\begin{pmatrix}1&0\\0&0\end{pmatrix}, \begin{pmatrix}0&1\\1&0\end{pmatrix}, \begin{pmatrix}0&0\\0&1\end{pmatrix}\right\}$; dim. 3
$\left\{\begin{pmatrix}1&0\\0&0\end{pmatrix}, \begin{pmatrix}1&1\\1&0\end{pmatrix}, \begin{pmatrix}0&0\\0&5\end{pmatrix}\right\}$
e) je zwei von O ausgehende, nicht auf derselben Gerade liegende Strecken; dim. 2
f) Der Vektorraum enthält nur die Streckungen mit den Streckungsfaktoren $k>0$; vgl. Lösung zu Aufgabe 5 b).
Da jede positive reelle Zahl k als Potenz einer jeden anderen positiven reellen Zahl darstellbar ist, ist S_2 oder S_3 je eine Basis; dim. 1.
g) je zwei Verschiebungen mit nicht-parallelen Verschiebungspfeilen; dim. 2
h) $\{2\}$ oder $\{5\}$; dim. 1

41. Da die drei gegebenen Vektoren linear unabhängig sind, stellen sie eine Basis dar. Der Unterraum ist $\mathbb{R}^3$ selbst. dim. 3

42. Die Vektoren sind linear abhängig, es ist keine Basis. Es ist nämlich
$x(-1;-2;0)+x(1;2;0)+0(0;-2;-1)=\mathfrak{o}$ für alle $x \in \mathbb{R}$.

43. $x_1(1; -1; -2) + x_2(0; 1; 2) + x_3(2; -1; 0) = (2; 3; 5)$ ist äquivalent dem LGS:

$$\begin{array}{l} x_1 \qquad\quad 2x_3 = 2 \\ -x_1 + x_2 - \quad x_3 = 3 \\ -2x_1 + 2x_2 \qquad = 5 \end{array} \quad \text{bzw.} \quad \begin{array}{l} x_1 = 3 \\ x_2 = 5{,}5 \\ x_3 = -0{,}5 \end{array}$$

Die Darstellung ist daher eindeutig.

44. dim. 2; $\{(4; 2; 0), (0; 1; 2)\}$

45. ja

46. 1 (2)

47. 1

48. ja

49. dim. 2.

($\begin{pmatrix} 2 & 3 \\ 4 & 1 \end{pmatrix}$ und $\begin{pmatrix} 1 & -2 \\ 3 & -1 \end{pmatrix}$ sind linear unabhängig. Je drei der gegebenen Matrizen sind linear abhängig.)

50. Alle Matrizen $\begin{pmatrix} a & 0 \\ 0 & 0 \end{pmatrix}$ mit $a \in \mathbb{R}$ oder $\begin{pmatrix} 0 & b \\ b & 0 \end{pmatrix}$ mit $b \in \mathbb{R}$.

51. I. Der 2dimensionale Unterraum $\mathfrak{U}_1$ bzw. $\mathfrak{U}_2$ habe die Basis $\{\mathfrak{a}_1, \mathfrak{a}_2\}$ bzw. $\{\mathfrak{b}_1, \mathfrak{b}_2\}$. Es sind also $\mathfrak{a}_1$ und $\mathfrak{a}_2$ bzw. $\mathfrak{b}_1$ und $\mathfrak{b}_2$ je linear unabhängig. Wären diese vier Vektoren linear unabhängig, also $\mathfrak{U}_1 \cap \mathfrak{U}_2 = \{\mathfrak{o}\}$, so hätte $\mathbb{R}^3$ die Dimension 4. Aus diesem Widerspruch folgt, daß diese vier Vektoren linear abhängig sind und $\mathfrak{U}_1 \cap \mathfrak{U}_2$ einen Vektor $\mathfrak{c} \neq \mathfrak{o}$ enthält, und damit auch alle Vektoren $x\mathfrak{c}$ mit $x \in \mathbb{R}$. Somit ist $\mathfrak{U}_1 \cap \mathfrak{U}_2$ ein Vektorraum mit der Dimension 1.
II. Bei $\mathbb{R}^2$ statt $\mathbb{R}^3$ gilt: Im Vektorraum $\mathbb{R}^2$ haben zwei 1dimensionale Unterräume stets einen 0-dimensionalen Unterraum, nämlich $\{\mathfrak{o}\}$, gemeinsam. – Beachte Seite 43 die Bemerkung.

52. $\{\mathfrak{a}+\mathfrak{b},\ \mathfrak{b}+\mathfrak{c},\ \mathfrak{a}+\mathfrak{c}\}$, $\{\mathfrak{a},\ \mathfrak{a}+\mathfrak{b},\ \mathfrak{a}+\mathfrak{c}\}$, $\{\mathfrak{a},\ 2\mathfrak{a}+\mathfrak{b},\ 3\mathfrak{a}+2\mathfrak{b}+\mathfrak{c}\}$

53.

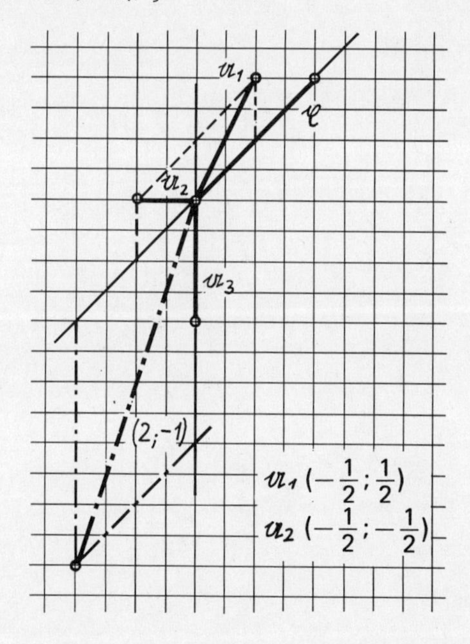

54. $x_1(2;-3) + x_2(-1;0) = (5;4) \Rightarrow (x_1;x_2) = (-\frac{4}{3};-\frac{23}{3})$

55. $x_1 \cdot 2 - x_2 \cdot x + x_3 \cdot \frac{1}{2}x^2 = 1 - 2x - 3x^2 \Rightarrow (x_1;x_2;x_3) = (\frac{1}{2};2;-6)$

56. a) $(7;-12{,}5;4)$ b) $2{,}5;-4{,}25;0{,}5)$ c) $(1{,}5;-3{,}75;5{,}5)$
d) $(1{,}25;-2{,}125;0{,}25)$

57. Beide Vektorräume haben die Dimension 2. Es sind $\mathfrak{a}_1 = x$ und $\mathfrak{a}_2 = 1 + x$ bzw. $\mathfrak{b}_1 = (-1;\frac{1}{2};3)$ und $\mathfrak{b}_2 = (\frac{1}{2};0;\frac{3}{2})$ je linear unabhängig und stellen eine Basis für den Vektorraum dar. Die Zuordnung f mit $f(\mathfrak{a}_1) = \mathfrak{b}_1$ und $f(\mathfrak{a}_2) = \mathfrak{b}_2$ ist dann eine isomorphe Abbildung.

58. $\begin{pmatrix} a & b \\ b & c \end{pmatrix} \mapsto (a, b, c)$

59. I. Sind $p \neq 0$ und q rationale Zahlen, so ist $xp = q$ mit $x \in \mathbb{Q}$ stets lösbar, nämlich durch $q : p$. Der Vektorraum $\mathbb{Q}$ über $\mathbb{Q}$ hat damit die Dimension 1.
II. Sind p, q zwei Primzahlen, so ist $x\sqrt{p} = \sqrt{q}$ mit $x \in \mathbb{Q}$ nicht lösbar.
Folgerung: Der Vektorraum $\mathbb{R}$ über $\mathbb{Q}$ hat keine endliche Dimension.
Aus I und II folgt: Der Vektorraum $\mathbb{Q}$ über $\mathbb{Q}$ und der Vektorraum $\mathbb{R}$ über $\mathbb{Q}$ sind nicht isomorph.

60. Es sei $\mathfrak{B}_1 = \{\mathfrak{a}_1, \ldots, \mathfrak{a}_n\}$ eine Basis von $\mathfrak{W}_1$. Die Abbildung ordne dem Basisvektor $\mathfrak{a}_i$ zu: $\mathfrak{a}_i' \in \mathfrak{W}_2$. (Hierbei wird nichts weiteres über alle $\mathfrak{a}_i'$ gesagt, insbesondere wird hier nichts über lineare Unabhängigkeit der $\mathfrak{a}_i'$ vorausgesetzt!)
Bezüglich $\mathfrak{B}_1$ besitzt jeder Vektor $\mathfrak{x} \in \mathfrak{W}_1$ eine eindeutige Darstellung:
$\mathfrak{x} = x_1\mathfrak{a}_1 + \ldots + x_n\mathfrak{a}_n$.
Für den zugeordneten Vektor $f(\mathfrak{x})$ gilt mit den Eigenschaften der Abbildung
$f(\mathfrak{x}) = f(x_1\mathfrak{a}_1) + \ldots + f(x_n\mathfrak{a}_n) = x_1 f(\mathfrak{a}_1) + \ldots + x_n f(\mathfrak{a}_n)$.
Also ist $f(\mathfrak{x})$ eindeutig bestimmt durch die Koordinaten von $\mathfrak{x}$. Ist $\mathfrak{x} = \mathfrak{o}$, so auch $f(\mathfrak{x}) = \mathfrak{o}$. Sind die $\mathfrak{a}_i$ linear unabhängig (abhängig), so sind es also auch die Bildvektoren.

II. Systeme linearer Gleichungen

20. Lineare Gleichungssysteme (LGS)

1. $a_{11} = 2$, $a_{12} = -\frac{2}{3}$, $a_{13} = 0$, $a_{21} = 0$, $a_{22} = 1$, $a_{23} = -1$, $b_1 = 5$, $b_2 = 1$; nur $(\frac{1}{6}; -7; -8)$ ist eine Lösung.
2. $2x_1 + 3x_2 + 4x_3 = -1$, $3x_1 + 4x_2 + 5x_3 = 1$ $(3; 3; -4)$ ist Lösung.
3. $-x_1 + x_2 = 1$, $-2x_1 + 4x_2 = 2$, $-3x_1 + 9x_2 = 3$ $(-1; 0)$ ist eine Lösung.
4. $x_1 = 3$, $x_2 = 0$ $a_{11} = 1$, $a_{12} = 0$, $a_{21} = 0$, $a_{22} = 1$, $b_1 = 3$, $b_2 = 0$
5. $0{,}3x_1 + 0{,}5x_2 = 0{,}45 \cdot 3$, $x_1 + x_2 = 3$

21. Umformungen eines LGS

1. a) Soll Zeile i ersetzt werden durch „Zeile i – Zeile j", so kann man dafür auch sagen „Zeile i + k · Zeile j mit $k = -1$". Dieses sind nach Satz 1b), c) zulässige Umformungen.
   b) „Dividiere durch $k \neq 0$" ist gleichbedeutend mit „multipliziere mit $\frac{1}{k}$", dieses ist nach Satz 1b) eine zulässige Umformung.
2. a) $6x_1 - 4x_2 + 2x_3 = 4$, $6x_1 + 3x_2 - 3x_3 = 3$, $6x_1 + 18x_2 - 12x_3 = 6$
   b) $6x_1 - 4x_2 + 2x_3 = 4$, $7x_2 - 5x_3 = -1$, $11x_2 - 7x_3 = 1$
   c) 11 · Zeile 2 – 7 · Zeile 3 gibt als Zeile 3: $-6x_3 = -18$ bzw. $x_3 = 3$.
3. a) $x_1 + 2x_2 = 2$, $-8x_2 + 3x_3 = -4$, $x_3 = 0$
   b) Dreiecksform
   c) $2x_1 - x_2 = 3$, $x_2 - x_3 = 5$, $x_3 = 3$
4. a) $2x_1 + 3x_2 = 5$, $17x_2 = 19$
   b) $2x_1 + x_2 - x_3 = 1$, $5x_2 - 9x_3 = -1$
   c) $4x_1 - 5x_2 = 1$, $-23x_2 = 3$
5. a) $x_1 + 2x_2 + x_3 - x_4 = 4$, $2x_2 + x_4 = 4$, $x_3 - 4x_4 = -8$
   b) $3x_1 - 2x_2 = -1$, $x_2 = 1$, $4x_2 = -2$
   c) $2x_1 + x_2 = 1$, $7x_2 = -1$, $x_2 = 1$

22. Auflösung linearer Gleichungssysteme

1. a) $\{(1; 2)\}$ b) $\{(-1; 1)\}$ c) $\{(\frac{1}{2}; 1)\}$
2. a) $\{(1; 2; 3)\}$ b) $\{(1; 2; 3)\}$ c) $\{(1; 0; -1)\}$
3. a) $\{(-3; 4; 7)\}$ b) $\{(\frac{1}{6}; -\frac{7}{6}; \frac{3}{2})\}$ c) $\{(-1; 5; -1)\}$
4. a) $\{(-2 - 6x_2; x_2; \frac{5}{4}x_2 + \frac{1}{2}; \frac{27}{4}x_2 + \frac{5}{2}) \mid x_2 \in \mathbb{R}\}$
   b) Die ersten drei Gleichungen werden erfüllt von $(1; 0; 1)$; die vierte Gleichung wird davon nicht erfüllt. $L = \{\ \}$.
5. a) $x_1 = \frac{3t-2}{t-6}$, $x_2 = \frac{-8}{t-6}$ b) nur lösbar für $t = 9$; $\{(3 - 2x_2; x_2) \mid x_2 \in \mathbb{R}\}$
   c) $x_1 = \frac{4}{3t-3}$, $x_2 = \frac{5t-9}{6t-6}$ d) nur lösbar für $t = 0$; $\{(-2x_2; x_2) \mid x_2 \in \mathbb{R}\}$
6. Gleiche Kosten bei x kWh mit $0{,}11x + 3{,}50 = 0{,}15x \Rightarrow x = 87{,}5$. Bei $x > 87{,}5$ ist A günstiger.

23. LGS und lineare Abhängigkeit von n-tupeln

1. a) $\begin{pmatrix}12\\6\\9\end{pmatrix}$ b) $\begin{pmatrix}\frac{4}{3}\\0\\-2\end{pmatrix}$ c) $\begin{pmatrix}5\\-1\\0\end{pmatrix}$ d) $\begin{pmatrix}11\\-12\\19\end{pmatrix}$

2. linear unabhängig

3. z. B.
$$\begin{aligned} x_1 + x_2 + 2x_3 &= 0\\ 2x_1 - x_2 + x_3 &= 0\\ x_1 \qquad + x_3 &= 0 \end{aligned}$$

4. Es sind gleichviel Gleichungen wie Variable. Alle b_i sind 0.
(Das LGS enthält mindestens eine Gleichung weniger als es Variable sind. Alle b_i sind 0.)

24. Die zu einem LGS gehörige Abbildung

1. a) $(x_1; x_2; x_3) \mapsto x_1\begin{pmatrix}3\\2\end{pmatrix} + x_2\begin{pmatrix}-1\\1\end{pmatrix} + x_3\begin{pmatrix}1\\-2\end{pmatrix}$

b) $(8; -1), (4; -2), (-\frac{8}{5}; \frac{18}{5}), (\frac{7}{4}; -\frac{1}{4})$; Lösung: $(1; 2; 3)$

2. a) $(4; -4; 6), (2; -5; 9), (-\frac{12}{5}; \frac{18}{5}; \frac{26}{5}), (-\frac{3}{4}; -\frac{5}{4}; 3)$; Lösung: $(2; 1; 3)$

b) $(16; 5), (8; 7), (-\frac{48}{5}; 12), (3; 3)$; Lösung: $(\frac{1}{2}; \frac{3}{4}; 1)$

3. $(x_1; \ldots; x_n) \mapsto a_1x_1 + \ldots + a_nx_n$. Es ist eine Abbildung $\mathbb{R}^n$ in $\mathbb{R}$.
Beispiel: $(x_1; x_2; x_3) \mapsto 5x_1 - 3x_2 + x_3$

4. a) $f(\vec{u}) = (2; 2)$; $f(\vec{v}) = (4; \frac{1}{2})$; $f(\vec{w}) = (\frac{23}{4}; 3)$

b) $f(\vec{u}) + f(\vec{v}) = (6; \frac{5}{2})$; $f(\vec{v}) + f(\vec{w}) = (\frac{39}{4}; \frac{7}{2})$;
$f(\vec{u}) + f(\vec{w}) = (\frac{31}{4}; 5)$; $3f(\vec{u}) = (6; 6)$, $-2f(\vec{v}) = (-8; -1)$,
$\frac{1}{2}f(\vec{w}) = (\frac{23}{8}; \frac{3}{2})$

5. a) $(5; 4; 4)$, $(-\frac{1}{2}; -\frac{5}{2}; -\frac{1}{2})$, $(\frac{13}{4}; 3; 2)$

b) 3

c) Alle Vektoren $(1 + x_4; -2; 3 - x_4; x_4)$ mit $x_4 \in \mathbb{R}$ haben als Bild $(2; 1; 3)$.

6. $(1; 2)$; dim. 1

7. $\vec{b} \notin$ Bild f ($\vec{b} \in$ Bild f): Das LGS ist nicht lösbar (ist lösbar).

8. a) Für f gilt $f(k\vec{v}) = kf(\vec{v})$ mit $k \in \mathbb{R}$. Bei $k = -1$ ist $f(-\vec{v}) = -f(\vec{v})$.
Mit $\vec{u} - \vec{v} = \vec{u} + (-\vec{v})$ folgt $f(\vec{u} - \vec{v}) = f(\vec{u}) + (-f(\vec{v})) = f(\vec{u}) - f(\vec{v})$.

b) $f(\vec{o}) = \vec{o}\,'$

c) Ja: Wegen $\vec{o} = 0\vec{o}$ gilt $f(\vec{o}) = f(0\vec{o}) = 0f(\vec{o}) = \vec{o}\,'$.

9. a) $\vec{x} = (x_1; x_2; x_3) \in \mathbb{R}^3$ hat als Bild $f(\vec{x}) = (x_1 + x_2; x_2 - x_3) \in \mathbb{R}^2$
$\vec{y} = (y_1; y_2; y_3) \in \mathbb{R}^3$ hat als Bild $f(\vec{y}) = (y_1 + y_2; y_2 - y_3) \in \mathbb{R}^2$

I. $\vec{x} + \vec{y} = (x_1 + y_1; x_2 + y_2; x_3 + y_3)$ hat als Bild
$$\begin{aligned} f(\vec{x} + \vec{y}) &= ([x_1 + y_1] + [x_2 + y_2];\ [x_2 + y_2] - [x_3 + y_3])\\ &= ([x_1 + x_2] + [y_1 + y_2];\ [x_2 - x_3] + [y_2 - y_3])\\ &= (x_1 + x_2; x_2 - x_3) + (y_1 + y_2; y_2 - y_3) = f(\vec{x}) + f(\vec{y}) \end{aligned}$$

II. $k\vec{x} = (kx_1; kx_2; kx_3)$ mit $k \in \mathbb{R}$ hat als Bild
$f(k\vec{x}) = (kx_1 + kx_2; kx_2 - kx_3) = k(x_1 + x_2; x_2 - x_3) = kf(\vec{x})$

b) $f(\vec{x}) = x_1\begin{pmatrix}1\\0\end{pmatrix} + x_2\begin{pmatrix}-1\\1\end{pmatrix} + x_3\begin{pmatrix}0\\-1\end{pmatrix}$

10. $\mathfrak{x} = (x_1; x_2) \in \mathbb{R}^2$ hat als Bild $f(\mathfrak{x}) = x_1 \cdot x_2$.
$\mathfrak{y} = (y_1; y_2) \in \mathbb{R}^2$ hat als Bild $f(\mathfrak{y}) = y_1 \cdot y_2$.
Es genügt Teil I oder II zu zeigen!
I. $\mathfrak{x} + \mathfrak{y} = (x_1 + y_1; x_2 + y_2)$ hat als Bild
$f(\mathfrak{x} + \mathfrak{y}) = [x_1 + y_1] \cdot [x_2 + y_2]$. Ferner ist $f(\mathfrak{x}) + f(\mathfrak{y}) = x_1x_2 + y_1y_2$.
Damit gilt im allgemeinen: $f(\mathfrak{x} + \mathfrak{y}) \neq f(\mathfrak{x}) + f(\mathfrak{y})$.
II. $k\mathfrak{x} = (kx_1; kx_2)$ hat als Bild $f(k\mathfrak{x}) = kx_1 \cdot kx_2 = k^2x_1x_2 = k^2f(\mathfrak{x})$.
Also ist im allgemeinen: $f(k\mathfrak{x}) = kf(\mathfrak{x})$.

11. I. Ist $f(s\mathfrak{u} + t\mathfrak{v}) = sf(\mathfrak{u}) + tf(\mathfrak{v})$ für alle $s, t \in \mathbb{R}$ und alle $\mathfrak{u}, \mathfrak{v} \in \mathfrak{W}_1$, so gilt speziell für
a) $s = t = 1$ $\quad f(\mathfrak{u} + \mathfrak{v}) = f(\mathfrak{u}) + f(\mathfrak{v})$
b) $t = 0$ $\quad f(s\mathfrak{u}) = sf(\mathfrak{u})$.
Die Abbildung ist also linear.
II. Ist f eine lineare Abbildung, so gilt $f(\mathfrak{x} + \mathfrak{y}) = f(\mathfrak{x}) + f(\mathfrak{y})$.
Mit $\mathfrak{x} = s\mathfrak{u}$, $\mathfrak{y} = t\mathfrak{v}$ ist also $f(s\mathfrak{u} + t\mathfrak{v}) = f(s\mathfrak{u}) + f(t\mathfrak{v})$.
Wegen der Linearität von f gilt $f(k\mathfrak{x}) = kf(\mathfrak{y})$ und damit ist
$f(s\mathfrak{u} + t\mathfrak{v}) = sf(\mathfrak{u}) + tf(\mathfrak{v})$.
Die Behauptung gilt damit in beiden Richtungen.

12. a) Da die dritte Komponente von $x(1; 1; 0)$ für alle $x \in \mathbb{R}$ stets 0 ist, gibt es keine Zahl $x \in \mathbb{R}$ mit $x(1; 1; 0) = (1; 0; 1)$.
b) (2; 2), (3; 3)
c) linear abhängig

13. a) $\mathfrak{u}_1, \ldots, \mathfrak{u}_n$ sind linear abhängig, also ist in der Vektorgleichung
$x_1\mathfrak{u}_1 + \ldots + x_k\mathfrak{u}_k = \mathfrak{o}$ mit $x_1, \ldots, x_k \in \mathbb{R}$ mindestens ein x_i nicht Null.
Damit gilt für das Bild
$f(x_1\mathfrak{u}_1 + \ldots + x_k\mathfrak{u}_k) = f(\mathfrak{o})$. Mit den Linearitätsbedingungen folgt:
$x_1f(\mathfrak{u}_1) + \ldots + x_kf(\mathfrak{u}_k) = \mathfrak{o}'$. ($\mathfrak{o}$ bezeichnet den Nullvektor in $\mathfrak{W}_1$ und $\mathfrak{o}'$ denjenigen in $\mathfrak{W}_2$.) In dieser Vektorgleichung ist mindestens einer der Skalare nicht Null.
Die Bildvektoren $f(\mathfrak{u}_1), \ldots, f(\mathfrak{u}_k)$ sind damit linear abhängig.
b) Wenn $x_1f(\mathfrak{v}_1) + \ldots + x_kf(\mathfrak{v}_k) = \mathfrak{o}'$ nur erfüllt wird durch $x_1 = \ldots = x_k = 0$, so wird $x_1\mathfrak{v}_1 + \ldots + x_k\mathfrak{v}_k = \mathfrak{o}$ auch nur erfüllt durch $x_1 = \ldots = x_k = 0$, die k Vektoren $\mathfrak{v}_i$ sind daher linear unabhängig.

25. Homogene LGS

1. a) $\{s(1; 1; 4) \mid s \in \mathbb{R}\}$ $\qquad$ b) $\{k(1; 15; 13; 10) \mid k \in \mathbb{R}\}$
2. a) $\{s(-1; 2; 3; 0) + t(0; 2; 1; -1) \mid s, t \in \mathbb{R}\}$ $\qquad$ b) $\{s(1; 4; 5) \mid s \in \mathbb{R}\}$
3. a) $\{(0; 0)\}$ $\qquad$ b) $\{(0; 0)\}$ $\qquad$ c) $\{s(-1; 1; 1) \mid s \in \mathbb{R}\}$
4. a) jedes Tripel $s(1; 1; 1)$ mit $s \in \mathbb{R}$
b) Wählt man $x_1 = x_2$ ($x_2 = x_3$, $x_3 = x_1$) so lautet jede Gleichung des LGS
$x_1 - x_3 = 0$ ($x_1 - x_3 = 0$, $x_1 - x_2 = 0$).
5. a) Jedes n-tupel $\mathfrak{x} \in \mathbb{R}^n$ ist eine Lösung.

$$\begin{aligned} x_1 + 0x_2 + \ldots + 0x_n &= 0 \\ 0x_1 + x_2 + \ldots + 0x_n &= 0 \\ \ldots\ldots\ldots\ldots\ldots\ldots \\ 0x_1 + 0x_2 + \ldots + x_n &= 0 \end{aligned}$$

b) Es gibt genau ein n-tupel, das Lösung des LGS ist; $(0; 0; \ldots; 0)$.
6. Ist $\mathfrak{x} \neq \mathfrak{o}$ ein Lösungsvektor, so ist jeder der unendlich vielen Vektoren $s\mathfrak{x}$ mit $s \in \mathbb{R}$ ebenfalls Lösungsvektor, da ein Vektorraum mit dem Vektor $\mathfrak{x}$ auch die Vielfachen von $\mathfrak{x}$ enthält.

7. Definition: Eine lineare Abbildung f: $\mathcal{W}_1 \to \mathcal{W}_2$ heißt injektiv (eineindeutig), wenn zu jedem Bild $f(\mathfrak{x})$ genau ein Original $\mathfrak{x} \in \mathcal{W}_1$ gehört.
I. Voraussetzung: Kern $f = \{\mathfrak{o}\}$.
Annahme: f ist nicht injektiv, d. h. es gibt mindestens zwei Vektoren $\mathfrak{x}, \mathfrak{y} \in \mathcal{W}_1$ mit $\mathfrak{x} \neq \mathfrak{y}$, welche dasselbe Bild haben, also $f(\mathfrak{x}) = f(\mathfrak{y})$ ist. Dann ist $f(\mathfrak{x}) - f(\mathfrak{y}) = \mathfrak{o}'$. Da f eine lineare Abbildung ist, gilt damit $f(\mathfrak{x} - \mathfrak{y}) = \mathfrak{o}'$ (s. Aufgabe 8 aus § 24). Diese Gleichung besagt nach der Voraussetzung $\mathfrak{x} - \mathfrak{y} = \mathfrak{o}$ bzw. $\mathfrak{x} = \mathfrak{y}$, ein Widerspruch zur Annahme. Also ist f injektiv.
II. Voraussetzung: f ist injektiv.
Nach Definition gehört zu jedem $f(\mathfrak{x}) \in \mathcal{W}_2$ genau ein $\mathfrak{x} \in \mathcal{W}_1$. Zu $\mathfrak{o}' \in \mathcal{W}_2$ gehört somit genau ein Original $\mathfrak{x} \in \mathcal{W}_1$. Bei jeder linearen Abbildung f ist aber $f(\mathfrak{o}) = \mathfrak{o}'$, also ist $\mathfrak{x} = \mathfrak{o}$. Mit anderen Worten: Kern $f = \{\mathfrak{o}\}$.

26. Inhomogene LGS

1. a) $\{(4; 5; 0) + x_3(-1; -1; 1) \mid x_3 \in \mathbb{R}\}$
   b) $\{(\frac{16}{5}; \frac{7}{5}; 0; 0) + x_3(-1; 1; 1; 0) + x_4(\frac{1}{5}; -\frac{3}{5}; 0; 1) \mid x_3, x_4 \in \mathbb{R}\}$
2. a) $\{(1; -1; 2)\}$ b) $L = \{\ \}$; beachte: $L_{homogen} = \{x_3(0; -1; 1) \mid x_3 \in \mathbb{R}\}$
3. $\{(0; -3; -3) + x_1(1; 3; 5) \mid x_1 \in \mathbb{R}\}$; $(3; 6; 12)$
4. Die Spaltenvektoren $\begin{pmatrix}3\\1\\4\end{pmatrix}, \begin{pmatrix}4\\-1\\-2\end{pmatrix}, \begin{pmatrix}-1\\3\\1\end{pmatrix}$ sind linear unabhängig, sie stellen eine Basis des $\mathbb{R}^3$ dar. Daher kann jeder Vektor $(b_1; b_2; b_3) \in \mathbb{R}^3$ aus ihnen linear kombiniert werden.
5. linkes System: $x_1 = -1 + x_2,\ x_3 = 2x_2 - 6$
   rechtes System: $x_1 = 1,\ x_3 = -4 + x_2$
   Für $x_1 = 1$ muß $x_2 = 2$ sein, also $x_3 = -2$.
   Gemeinsamer Lösungsvektor: $(1; 2; -2)$
6. $$\begin{aligned} x_1 + 2x_2 + 3x_3 &= b_1 \\ 2x_1 - x_2 + x_3 &= b_2 \\ x_1 \qquad + x_3 &= b_3 \end{aligned} \quad \Rightarrow \quad \begin{aligned} 5x_1 + 5x_3 &= b_1 + 2b_2 \\ x_1 + x_3 &= b_3 \end{aligned}$$
   Aus diesen zwei Gleichungen folgt die Bedingung: $5b_3 = b_1 + 2b_2$ mit $b_1, b_2 \in \mathbb{R}$.
   Wegen
   $$\begin{aligned} b_1 &= b_1 + 0b_2 \\ b_2 &= 0b_1 + b_2 \\ b_3 &= \tfrac{1}{5}b_1 + \tfrac{2}{5}b_2 \end{aligned}$$
   gilt für diesen Vektorraum $\{(1; 0; \frac{1}{5})b_1 + (0; 1; \frac{2}{5})b_2 \mid b_1, b_2 \in \mathbb{R}\}$.
7. $x_2 = -2 + 3x_1 + x_3$ oder
   $$\begin{aligned} x_1 &= x_1 \\ x_2 &= -2 + 3x_1 + x_3 \\ x_3 &= x_3 \end{aligned}$$
   $\{(0; -2; 0) + x_1(1; 3; 0) + x_3(0; 1; 1) \mid x_1, x_3 \in \mathbb{R}\}$; 2dimensionaler VR
8. Wähle z. B.: $(2; 1; 3) = \mathfrak{b}_1$, $(1; 2; 0) = \mathfrak{b}_2$, $\mathfrak{b}_3 = \mathfrak{b}_1 + \mathfrak{b}_2 = (3; 3; 3)$, $\mathfrak{b}_4 = \mathfrak{b}_1 - \mathfrak{b}_2 = (1; -1; 3)$
   Abbildung f: $(x_1; x_2; x_3; x_4) \mapsto x_1\begin{pmatrix}2\\1\\3\end{pmatrix} + x_2\begin{pmatrix}1\\2\\0\end{pmatrix} + x_3\begin{pmatrix}3\\3\\3\end{pmatrix} + x_4\begin{pmatrix}1\\-1\\3\end{pmatrix}$
   f ist nicht eindeutig bestimmt. Man könnte auch wählen
   $(x_1; x_2; x_3; x_4) \mapsto x_1(\mathfrak{b}_1 + \mathfrak{b}_2) + x_2(\mathfrak{b}_1 - \mathfrak{b}_2) + x_3(2\mathfrak{b}_1 + 3\mathfrak{b}_2) + x_4(3\mathfrak{b}_1)$.

9. Bez. $\mathfrak{A}$ hat jeder Vektor $\mathfrak{x} \in \mathbb{R}^n$ eine eindeutige Darstellung:
$\mathfrak{x} = x_1 \mathfrak{a}_1 + \ldots + x_n \mathfrak{a}_n$. Ist f eine lineare Abbildung von $\mathbb{R}^n$ nach $\mathbb{R}^n$, so gilt mit den Linearitätsbedingungen:
$f(\mathfrak{x}) = x_1 f(\mathfrak{a}_1) + \ldots + x_n f(\mathfrak{a}_n)$. Mit der Forderung $f(\mathfrak{a}_i) = \mathfrak{b}_i$ gilt dann $f(\mathfrak{x}) = x_1 \mathfrak{b}_1 + \ldots + x_n \mathfrak{b}_n$. Da $\mathfrak{B}$ eine Basis des $\mathbb{R}^n$ sein soll, ist auch diese Darstellung eindeutig. f ist damit eindeutig bestimmt.

10. a) Aus $f(\mathfrak{x}_1) = f(\mathfrak{x}_2)$ bzw. $f(\mathfrak{x}_1) - f(\mathfrak{x}_2) = \mathfrak{o}'$ folgt mit der Linearität von f: $f(\mathfrak{x}_1 - \mathfrak{x}_2) = \mathfrak{o}'$. Also ist der Vektor $\mathfrak{x}_1 - \mathfrak{x}_2 \in$ Kern f. Nach Voraussetzung ist Kern f $\subset$ Kern g, also ist auch $\mathfrak{x}_1 - \mathfrak{x}_2 \in$ Kern g. Damit gilt $g(\mathfrak{x}_1 - \mathfrak{x}_2) = \mathfrak{o}'$. Mit der Linearität von g folgt $g(\mathfrak{x}_1) - g(\mathfrak{x}_2) = \mathfrak{o}'$ bzw. $g(\mathfrak{x}_1) = g(\mathfrak{x}_2)$.
b) Beispiel (siehe Figur):
$T_0 = \{\mathfrak{x} \mid f(\mathfrak{x}) = \mathfrak{o}'\}$ = Kern f
$T_1 = \{\mathfrak{x} \mid f(\mathfrak{x}) = \mathfrak{b}_1\}$, $T_2 = \{\mathfrak{x} \mid f(\mathfrak{x}) = \mathfrak{b}_2\}$
$T_0 \cup T_1 \cup T_2$ = Kern g $= \{\mathfrak{x} \mid g(\mathfrak{x}) = \mathfrak{o}'\}$
$T_3 = \{\mathfrak{x} \mid f(\mathfrak{x}) = \mathfrak{b}_3\} = \{\mathfrak{x} \mid g(\mathfrak{x}) = \mathfrak{c}_1\}$
$T_4 = \{\mathfrak{x} \mid f(\mathfrak{x}) = \mathfrak{b}_4\} = \{\mathfrak{x} \mid g(\mathfrak{x}) = \mathfrak{c}_2\}$
f erzeugt eine „feinere" Zerlegung von $\mathbb{R}^n$ in disjunkte Teilmengen als g.

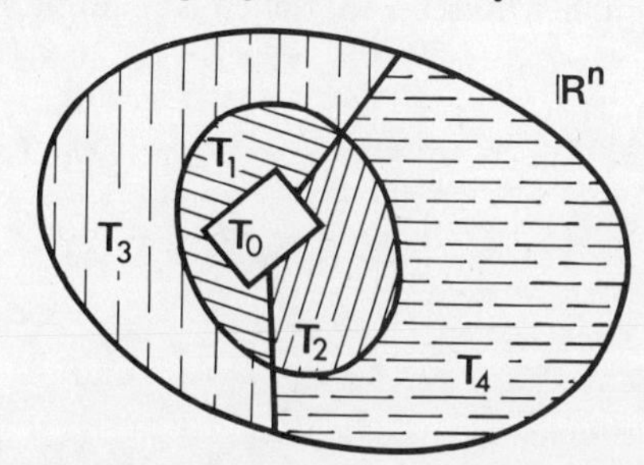

11. Da die n Vektoren $\mathfrak{a}_1, \ldots, \mathfrak{a}_n$ ein Erzeugendensystem des n dimensionalen Vektorraumes $\mathbb{R}^n$ darstellen, müssen sie linear unabhängig sein. Jeder Vektor $\mathfrak{x} \in \mathbb{R}^n$ hat dann eine eindeutige Darstellung: $\mathfrak{x} = x_1 \mathfrak{a}_1 + \ldots + x_n \mathfrak{a}_n$ mit $x_1, \ldots, x_n \in \mathbb{R}$. Für den Bildvektor $f(\mathfrak{x})$ gilt wegen der Linearität der Abbildung $f(\mathfrak{x}) = x_1 f(\mathfrak{a}_1) + \ldots + x_n f(\mathfrak{a}_n)$. Jeder Vektor $f(\mathfrak{x})$ ist damit eine Linearkombination der $f(\mathfrak{a}_i)$, diese bilden daher ein Erzeugendensystem für Bild f.

28. Vermischte Aufgaben

1. a) $s(-2; 1; 3)$; dim. 1 b) $(0; 0; 0)$; dim. 0
c) $s(-1; 2; 0) + t(3; 0; 4)$; dim. 2
2. a) $\{(1; -1; 0)\}$
b) $\{(2; 4; -3; 0; 0) + s(1; 0; -1; 1; 0) + t(0; 1; -1; 0; 1) \mid s, t \in \mathbb{R}\}$
3. a) $\{\ \}$ b) $\{(1; 2; -1)\}$ c) $\{(3; -5)\}$
4. a) $+1, -1$ b) $1 - t^2 \neq 0$ $\left(\frac{4-3t}{1-t^2}, \frac{3-4t}{1-t^2}, \frac{3-4t}{1-t^2}\right)$; eindeutig
5. a) $t \neq 1, -2$ b) $t = -2$ c) $t = 1$
6. a) $a_1b_2 \neq a_2b_1$
b) $a_1b_2 = a_2b_1$ und $(c_1b_2 \neq c_2b_1$ oder $a_1c_2 \neq a_2c_1)$
c) $a_1b_2 = a_2b_1$ und $(c_1b_2 = c_2b_1$ oder $a_1c_2 = a_2c_1)$
7. $a = 1$, $b = -1$, $c = 2$
8. 3. Grades: $p(x) = -x^3 + 4x^2 - x$; 2. oder 1. Grades: kein Polynom

9. a) $(-1; 2; 0) + s(2; -3; 1)$ b) mehr als $\frac{1}{2}$ Liter (weniger als $\frac{2}{3}$ Liter)

10. Der Beweis muß zwei Hauptteile enthalten:

I. Existenz einer Abbildung f von $\mathbb{R}^n$ nach $\mathbb{R}^n$ mit

(1) $f(\mathfrak{a}_i) = \mathfrak{b}_i \quad (i = 1, 2, \ldots, n)$

(2) f ist eine lineare Abbildung

II. Die Abbildung f ist eindeutig bestimmt.

I. Jeder Vektor $\mathfrak{x} \in \mathbb{R}^n$ hat eine eindeutige Darstellung bez. $\mathfrak{A}$: $\mathfrak{x} = x_1 \mathfrak{a}_1 + \ldots + x_n \mathfrak{a}_n$. Ist $f(\mathfrak{x})$ der Bildvektor von $\mathfrak{x}$, so hat dieser bez. $\mathfrak{B}$ eine eindeutige Darstellung: $f(\mathfrak{x}) = x_1' \mathfrak{b}_1 + \ldots + x_n' \mathfrak{b}_n$. Wir wählen die Skalare x_i' so, daß $x_i' = x_i$ $(i = 1, 2, \ldots, n)$ gilt. Dann ist zu zeigen, daß diese spezielle Abbildung f: $\mathfrak{x} \mapsto f(\mathfrak{x})$ die Forderungen (1) und (2) erfüllt.

(1) Für $\mathfrak{x} = \mathfrak{a}_i$ gilt dann

$\mathfrak{a}_i = 0\mathfrak{a}_1 + \ldots + 0\mathfrak{a}_{i-1} + 1\mathfrak{a}_i + 0\mathfrak{a}_{i+1} + \ldots + 0\mathfrak{a}_n$ bzw.

$f(\mathfrak{a}_i) = 0\mathfrak{b}_1 + \ldots + 0\mathfrak{b}_{i-1} + 1\mathfrak{b}_i + 0\mathfrak{b}_{i+1} + \ldots + 0\mathfrak{b}_n$.

Für alle $i = 1, \ldots, n$ gilt somit $f(\mathfrak{a}_i) = \mathfrak{b}_i$, d. h. f erfüllt (1).

(2) Betrachte $\mathfrak{x} = x_1 \mathfrak{a}_1 + \ldots + x_n \mathfrak{a}_n$, $\mathfrak{y} = y_1 \mathfrak{a}_1 + \ldots + y_n \mathfrak{a}_n$.

Die Bilder dieser Vektoren bez. unserer speziellen Abbildung sind:

$f(\mathfrak{x}) = x_1 \mathfrak{b}_1 + \ldots + x_n \mathfrak{b}_n$, $f(\mathfrak{y}) = y_1 \mathfrak{b}_1 + \ldots + y_n \mathfrak{b}_n$ (*)

a) Nun ist $\mathfrak{x} + \mathfrak{y} = (x_1 + y_1)\mathfrak{a}_1 + \ldots + (x_n + y_n)\mathfrak{a}_n$

und $f(\mathfrak{x} + \mathfrak{y}) = (x_1 + y_1)\mathfrak{b}_1 + \ldots + (x_n + y_n)\mathfrak{b}_n$.

Auflösen der Klammern und ordnen gibt

$$f(\mathfrak{x} + \mathfrak{y}) = [x_1 \mathfrak{b}_1 + \ldots + x_n \mathfrak{b}_n] + [y_1 \mathfrak{b}_1 + \ldots + y_n \mathfrak{b}_n].$$

Mit (*) gilt daher

$$f(\mathfrak{x} + \mathfrak{y}) = f(\mathfrak{x}) + f(\mathfrak{y}).$$

b) Es ist $k\mathfrak{x} = kx_1 \mathfrak{a}_1 + \ldots + kx_n \mathfrak{a}_n$ und

$$f(k\mathfrak{x}) = (kx_1)\mathfrak{b}_1 + \ldots + (kx_n)\mathfrak{b}_n = k[x_1 \mathfrak{b}_1 + \ldots + x_n \mathfrak{b}_n].$$

(Mit (*) gilt daher

$$f(k\mathfrak{x}) = kf(\mathfrak{x}).$$

Aus a) und b) folgt: f ist eine lineare Abbildung.

II. Annahme: g: $\mathfrak{x} \mapsto g(\mathfrak{x})$ sei eine zweite, von f verschiedene lineare Abbildung mit $g(\mathfrak{a}_i) = \mathfrak{b}_i$ $(i = 1, \ldots, n)$ und $g(\mathfrak{x}) = x_1 g(\mathfrak{a}_1) + \ldots + x_n g(\mathfrak{a}_n)$. Wegen $g(\mathfrak{a}_i) = \mathfrak{b}_i$ ist $g(\mathfrak{x}) = x_1 \mathfrak{b}_1 + \ldots + x_n \mathfrak{b}_n$. Mit (*) ist daher $g(\mathfrak{x}) = f(\mathfrak{x})$. Da diese Gleichheit für alle $\mathfrak{x} \in \mathbb{R}^n$ gilt, ist $g = f$. Aus diesem Widerspruch zur Annahme folgt: f ist eindeutig bestimmt.

11. Ansatz: f: $\mathfrak{x} = \begin{pmatrix} x_1 \\ x_2 \end{pmatrix} \mapsto f(\mathfrak{x}) = x_1\begin{pmatrix} a \\ b \end{pmatrix} + x_2\begin{pmatrix} c \\ d \end{pmatrix}$

a) $\begin{pmatrix} 1 \\ 0 \end{pmatrix} \to \begin{pmatrix} 1 \\ 0 \end{pmatrix}$ oder $\begin{pmatrix} 1 \\ 0 \end{pmatrix} = 1\begin{pmatrix} a \\ b \end{pmatrix} + 0\begin{pmatrix} c \\ d \end{pmatrix}$ gibt: $a = 1, b = 0, c = -1, d = 1$. Somit

$\begin{pmatrix} 1 \\ 1 \end{pmatrix} \to \begin{pmatrix} 0 \\ 1 \end{pmatrix}$ oder $\begin{pmatrix} 0 \\ 1 \end{pmatrix} = 1\begin{pmatrix} a \\ b \end{pmatrix} + 1\begin{pmatrix} c \\ d \end{pmatrix}$ $f(\mathfrak{x}) = x_1\begin{pmatrix} 1 \\ 0 \end{pmatrix} + x_2\begin{pmatrix} -1 \\ 1 \end{pmatrix}$

b) $\begin{pmatrix} 1 \\ 0 \end{pmatrix} \to \begin{pmatrix} 0 \\ 1 \end{pmatrix}$ oder $\begin{pmatrix} 0 \\ 1 \end{pmatrix} = 1\begin{pmatrix} a \\ b \end{pmatrix} + 0\begin{pmatrix} c \\ d \end{pmatrix}$ gibt: $a = 0, b = 1, c = 1, d = -1$. Somit

$\begin{pmatrix} 1 \\ 1 \end{pmatrix} \to \begin{pmatrix} 1 \\ 0 \end{pmatrix}$ oder $\begin{pmatrix} 1 \\ 0 \end{pmatrix} = 1\begin{pmatrix} a \\ b \end{pmatrix} + 1\begin{pmatrix} c \\ d \end{pmatrix}$ $f(\mathfrak{x}) = x_1\begin{pmatrix} 0 \\ 1 \end{pmatrix} + x_2\begin{pmatrix} 1 \\ -1 \end{pmatrix}$;

$(-3; 5) \to (5; -8)$

12. Ansatz: f: $\mathfrak{x} = \begin{pmatrix} x_1 \\ x_2 \end{pmatrix} \mapsto f(\mathfrak{x}) = x_1\begin{pmatrix} a \\ b \end{pmatrix} + x_2\begin{pmatrix} c \\ d \end{pmatrix}$

$\begin{pmatrix} 1 \\ 0 \end{pmatrix} \to \begin{pmatrix} 1 \\ 0 \end{pmatrix}$ oder $\begin{pmatrix} 1 \\ 0 \end{pmatrix} = 1\begin{pmatrix} a \\ b \end{pmatrix} + 0\begin{pmatrix} c \\ d \end{pmatrix}$ gibt: $a = 1, b = c = d = 0$. Somit

$\begin{pmatrix} 1 \\ 1 \end{pmatrix} \to \begin{pmatrix} 1 \\ 0 \end{pmatrix}$ oder $\begin{pmatrix} 1 \\ 0 \end{pmatrix} = 1\begin{pmatrix} a \\ b \end{pmatrix} + 1\begin{pmatrix} c \\ d \end{pmatrix}$ $\quad f(\mathfrak{x}) = x_1\begin{pmatrix} 1 \\ 0 \end{pmatrix} + x_2\begin{pmatrix} 0 \\ 0 \end{pmatrix}$

$(0; 1) \to (0; 0)$; dim. (Bild f) = 1; dim. (Kern f) = 1

13. a) Mit $\mathfrak{a}_1 = (a_1, \ldots, a_n)$, $\mathfrak{a}_2 = (b_1, \ldots, b_n)$ ist·
$\mathfrak{a}_1 + k\mathfrak{a}_2 = (a_1 + kb_1, \ldots, a_n + kb_n)$

(1) $\mathfrak{a}_1, \mathfrak{a}_2$ sind genau dann linear unabhängig, wenn die Vektorgleichung $s\mathfrak{a}_1 + t\mathfrak{a}_2 = \mathfrak{o}$ nur für $s = t = 0$ erfüllt ist.

Der Vektorgleichung entspricht das System der n linearen Gleichungen $sa_i + tb_i = 0$.

	I	II
$sa_i + tb_i = 0$	$\cdot\, b_j$	$\cdot - a_j$
$sa_j + tb_j = 0$	$\cdot - b_i$	$\cdot\, a_i$

Addition der multiplizierten Gleichungen gibt

I: $s(a_ib_j - a_jb_i) = 0$ $\qquad$ II: $t(a_ib_j - a_jb_i) = 0$

(2) $\mathfrak{a}_1$, $\mathfrak{a}_1 + k\mathfrak{a}_2$ sind genau dann linear unabhängig, wenn die Vektorgleichung $s'\mathfrak{a}_1 + t'(\mathfrak{a}_1 + k\mathfrak{a}_2) = \mathfrak{o}$ bzw. $(s' + t')\mathfrak{a}_1 + t'k\mathfrak{a}_2 = \mathfrak{o}$ nur für $s' = t' = 0$ erfüllt ist.

Aus $(s' + t')a_i + t'kb_i = 0$ und $(s' + t')a_j + t'kb_j = 0$ folgt wie bei (1)

I': $(s' + t')(a_ib_j - a_jb_i) = 0$ $\qquad$ II': $t'k(a_ib_j - a_jb_i) = 0$.

Wird I und II nur erfüllt durch $s = t = 0$, so ist $a_ib_j - a_jb_i \neq 0$. Dann können I' und II' nur erfüllt werden durch $s' + t' = 0$ und $t'k = 0$. Wegen $k \neq 0$ muß dann sein $t' = s' = 0$. Die Umkehrung gilt auch.

b) Es wurden die zulässigen Umformungen von Satz 1b, c) verwendet. Durch Vertauschen von Zeilen könnte man stets erreichen: $i = 1$, $j = 2$; dann hätte man auch Satz 1a) noch verwendet. $r_z \leqq m$.

c) Sind die Zeilenvektoren n-tupel, so sind sie Element von $\mathbb{R}^n$. Bei jeder Teilmenge von $\mathbb{R}^n$ können maximal n der Elemente linear unabhängig sein; d. h. $r_z \leqq n$.

d) Sie sind gleich.

e) $(2; 1; 3) = 2(1; 0; 2) + 1(0; 1; -1)$; $r_z = 2$

$$2\begin{pmatrix} 2 \\ 1 \\ 0 \end{pmatrix} - \begin{pmatrix} 1 \\ 0 \\ 1 \end{pmatrix} = \begin{pmatrix} 3 \\ 2 \\ -1 \end{pmatrix}; \quad r = 2; \quad r_z = r$$

31. Affine Punkträume

1. a) A_1: Jeder Punkt $P, Q \in A^2$ bestimmt mit O genau einen Vektor (Strecke) $\overrightarrow{OP} = \mathfrak{p}$ bzw. $\overrightarrow{OQ} = \mathfrak{q}$. Wegen $\overrightarrow{PQ} = \overrightarrow{PO} + \overrightarrow{OQ} = \overrightarrow{OQ} - \overrightarrow{OP}$ ist $(P; Q)$ genau ein Vektor zugeordnet, nämlich $\mathfrak{q} - \mathfrak{p}$.
   A_2: Durch P ist eindeutig $\overrightarrow{OP}$ bestimmt. Ist $\mathfrak{v} = \overrightarrow{OQ}$, so ist nach den Axiomen des Vektorraumes $\overrightarrow{OP} + \mathfrak{v}$ ein Element des betrachteten Vektorraumes. Ist R die vierte Ecke des von $\overrightarrow{OP}$ und $\overrightarrow{OQ}$ bestimmten Parallelogramms, so ist $\overrightarrow{OR} = \overrightarrow{OP} + \mathfrak{v}$.
   A_3: Nach A_1 ist $\overrightarrow{PQ} + \overrightarrow{QR} = \overrightarrow{OQ} - \overrightarrow{OP} + \overrightarrow{OR} - \overrightarrow{OQ} = \overrightarrow{OR} - \overrightarrow{OP} = \overrightarrow{PR}$. Somit gilt A_3.
   b) Nein. Dem Punkt O und dem Nullvektor wäre dann, im Gegensatz zu A_2, kein Punkt von A^2 zugeordnet.
2. a) Gegeben ist
   $M = \{f \mid f\colon x \mapsto mx \text{ und } m, x \in \mathbb{R}\}$ $\quad M = \{f \mid f\colon x \mapsto m \sin x \text{ und } m, x \in \mathbb{R}\}$.
   Ist $f_1\colon x \mapsto m_1 x$, $f_2\colon x \mapsto m_2 x$ $\quad f_1\colon x \mapsto m_1 \sin x$, $f_2\colon x \mapsto m_2 \sin x$,
   so sei $f_1 + f_2\colon x \mapsto (m_1 + m_2)x$ (innere Verknüpfung) $f_1 + f_2\colon x \mapsto (m_1 + m_2)\sin x$
   $kf\colon x \mapsto (km)x$ (äußere Verknüpfung) $kf\colon x \mapsto (km)\sin x$
   $f_1 + f_2$ bzw. kf entspricht der Addition bzw. der Multiplikation reeller Zahlen. Mit den Gesetzen der Addition und Multiplikation reeller Zahlen folgt die Behauptung.
   b) Es sei $P\colon x \mapsto px + 1$, $Q\colon x \mapsto qx + 1$, $R\colon x \mapsto rx + 1$ mit $p, q, r \in \mathbb{R}$
   ($P\colon x \mapsto 2 + p \sin x$, $Q\colon x \mapsto 2 + q \sin x$, $R\colon x \mapsto 2 + r \sin x$)
   A_1: Dem geordneten Paar $(P; Q)$ ordnen wir den Vektor $\overrightarrow{PQ} = (q - p)$ zu.
   A_2: Die Funktion P und der Vektor (v) mit $v \in \mathbb{R}$ bestimmen eindeutig die Funktion $x \mapsto (p + v)x + 1$ ($x \mapsto 2 + (p + v)\sin x$).
   A_3: Mit $\overrightarrow{PQ} = (q - p)$, $\overrightarrow{QR} = (r - q)$ ist $\overrightarrow{PQ} + \overrightarrow{QR} = (q - p + r - q) = (r - p) = \overrightarrow{PR}$.
   Somit: Es liegt ein affiner Raum vor.
   c) Es sei $P\colon x \mapsto 1 + x + px^2$, $Q\colon x \mapsto 1 + x + qx^2$, $R\colon x \mapsto 1 + x + rx^2$.
   A_1: $(P; Q)$ ordnen wir eindeutig den Vektor $\overrightarrow{PQ} = (q - p)$ zu.
   A_2: Die Funktion P und der Vektor (v) mit $v \in \mathbb{R}$ bestimmen eindeutig die Funktion $x \mapsto 1 + x + (p + v)x^2$.
   A_3: Mit $\overrightarrow{PQ} = (q - p)$, $\overrightarrow{QR} = (r - q)$ ist $\overrightarrow{PQ} + \overrightarrow{QR} = (q - p + r - q) = (r - p) = \overrightarrow{PR}$.
   Somit liegt ein affiner Raum vor.
3. Es sei $P\colon x \mapsto c_1 + px$, $Q\colon x \mapsto c_2 + qx$ mit $c_1, c_2 \in \{1, 2\}$, $p, q \in \mathbb{R}$.
   A_1: $(P; Q)$ ordnen wir den Vektor $\overrightarrow{PQ} = (q - p) \in \mathbb{R}^1$ zu.
   A_2: Zur Funktion $P\colon x \mapsto 1 + 5x$ und zum Vektor $\mathfrak{v} = (8)$ gibt es die zwei verschiedenen Funktionen $Q_1\colon x \mapsto 1 + (5 + 8)x$ und $Q_2\colon x \mapsto 2 + (5 + 8)x$ für die gilt: $\overrightarrow{PQ_1} = \overrightarrow{PQ_2} = \mathfrak{v}$. Axiom A_2 ist damit nicht erfüllt.
   Es liegt hier kein affiner Raum vor.
4. a) Es ist $B = \{f \mid f\colon x \mapsto d \text{ und } d \in \mathbb{R}\}$.
   Für $f_1\colon x \mapsto d_1$, $f_2\colon x \mapsto d_2$ soll sein $f_1 + f_2\colon x \mapsto d_1 + d_2$ und $kf\colon x \mapsto kd$.
   Da die Menge der reellen Zahlen bez. Addition als innere Verknüpfung und bez. Multiplikation als S-Multiplikation ein Vektorraum ist, liegt hier ein Vektorraum vor.
   b) Es ist $A = \{f \mid f\colon x \mapsto cx + d \text{ mit } c, d \in \mathbb{R} \text{ und } c \text{ fest}\}$.
   Es sei $P\colon x \mapsto cx + p$, $Q\colon x \mapsto cx + q$, $R\colon x \mapsto cx + r$.

A_1: (P; Q) ordnen wir eindeutig den Vektor $\overrightarrow{PQ} = (q - p) \in \mathbb{R}^1$ zu.
A_2: P und der Vektor $\vec{a} = (a)$ mit $a \in \mathbb{R}$ bestimmen eindeutig die Funktion
$x \mapsto cx + (p + a) \in A$.
A_3: Mit $\overrightarrow{PQ} = (q - p)$, $\overrightarrow{QR} = (r - q)$ ist $\overrightarrow{PQ} + \overrightarrow{QR} = (q - p + r - q) = (r - q) = \overrightarrow{PR}$.
Somit liegt hier ein 1dimensionaler affiner Raum vor.

32. Erste Folgerungen aus den Axiomen A_1 bis A_3

1. a) $\overrightarrow{PR}$ b) $\overrightarrow{RQ}$ c) $\overrightarrow{QP}$ d) $\overrightarrow{PQ}$ e) $\overrightarrow{SR}$ f) $\overrightarrow{PP} = \vec{o}$
2. a) $\overrightarrow{PS}$ b) $\overrightarrow{RQ}$ c) $\vec{o}$ d) $\overrightarrow{SQ}$ e) $\vec{o}$ f) $\overrightarrow{PS}$
3. a) $2\overrightarrow{PQ}$ b) $2\overrightarrow{PR}$ c) $2\overrightarrow{PR}$ d) $2\overrightarrow{RQ}$ e) $\overrightarrow{RQ}$ f) $\overrightarrow{QR}$
4. a) $3\overrightarrow{PQ}$ b) $4\overrightarrow{QS}$ c) $\overrightarrow{RP}$ d) $\overrightarrow{PQ}$ e) $\overrightarrow{QP}$ f) $5\overrightarrow{PQ}$
5. a) $\overrightarrow{QS}$ b) $\overrightarrow{PR}$ c) $\overrightarrow{QR}$ d) $2\overrightarrow{RP} + \overrightarrow{SP}$ e) $\overrightarrow{SP}$ f) $\overrightarrow{PQ}$
6. a) $\overrightarrow{QR}$ b) $\vec{o}$ c) $3\overrightarrow{PQ}$ d) $\overrightarrow{QR} + 2\overrightarrow{PR}$
7. a) linke Seite: $2\overrightarrow{PQ} + \overrightarrow{QS} = \overrightarrow{PQ} + \overrightarrow{PQ} + \overrightarrow{QS} = \overrightarrow{PQ} + \overrightarrow{PS}$
rechte Seite: $\overrightarrow{PQ} + \overrightarrow{PS}$
b) linke Seite: $3\overrightarrow{PR} + 2\overrightarrow{SP} + 2\overrightarrow{RS} - \overrightarrow{PR} = 2\overrightarrow{PR} + 2(\overrightarrow{RS} + \overrightarrow{SP}) = 2\overrightarrow{PR} + 2\overrightarrow{RP} = \vec{o}$
c) linke Seite: $-2\overrightarrow{RS} - 2\overrightarrow{SP} - \overrightarrow{SP} = -2\overrightarrow{RP} - \overrightarrow{SP} = 2\overrightarrow{PR} + \overrightarrow{PS}$
rechte Seite: $2\overrightarrow{PR} + \overrightarrow{PS}$
d) linke Seite: $\overrightarrow{PR} + \overrightarrow{QP} + \overrightarrow{QP} = (\overrightarrow{QP} + \overrightarrow{PR}) + \overrightarrow{QP} = \overrightarrow{QR} + \overrightarrow{QP}$
rechte Seite: $\overrightarrow{QR} + (\overrightarrow{QR} + \overrightarrow{RP}) = \overrightarrow{QR} + \overrightarrow{QP}$
e) linke Seite: $2\overrightarrow{RS} + 2\overrightarrow{QR} + \overrightarrow{QR} + 2\overrightarrow{SQ} + \overrightarrow{RQ} = 2(\overrightarrow{QR} + \overrightarrow{RS}) + 2\overrightarrow{SQ} = \vec{o}$
rechte Seite: $\overrightarrow{SR} + \overrightarrow{SR} + \overrightarrow{PS} + \overrightarrow{QS} = (\overrightarrow{PS} + \overrightarrow{SR}) + (\overrightarrow{QS} + \overrightarrow{SR}) = \vec{o}$
f) linke Seite: $(\overrightarrow{PQ} + \overrightarrow{QR}) + \overrightarrow{QR} = \overrightarrow{PR} + \overrightarrow{QR}$
rechte Seite: $\overrightarrow{SR} + \overrightarrow{SR} + \overrightarrow{PS} + \overrightarrow{QS} = (\overrightarrow{PS} + \overrightarrow{SR}) + (\overrightarrow{QS} + \overrightarrow{SR}) = \overrightarrow{PR} + \overrightarrow{QR}$
8. a) $\overrightarrow{QS}$ b) $\overrightarrow{PQ}$ c) $\vec{o}$ d) $\overrightarrow{PS} + \overrightarrow{QS}$

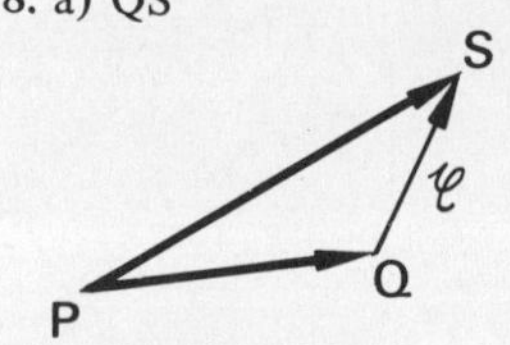

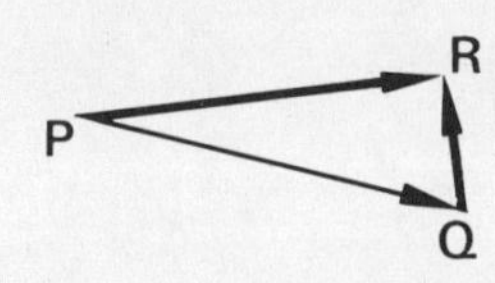

e) $\frac{1}{2}(\overrightarrow{RP} + \overrightarrow{QP})$ f) $\frac{1}{3}\overrightarrow{QP}$

9. a) $\overrightarrow{PR} + \overrightarrow{QR}$ b) $\vec{o}$ c) $2\overrightarrow{PR}$ d) $\overrightarrow{QP} + \overrightarrow{QR}$ e) $2\overrightarrow{PQ} + \overrightarrow{SQ}$
f) $\overrightarrow{QR}$
10. a) $\overrightarrow{PR} + \vec{a}$ b) $\overrightarrow{QP} + \vec{a}$ c) $\overrightarrow{RQ} + 2\vec{a}$ d) $\overrightarrow{PS} + \vec{b} - \vec{a}$
e) $2\vec{a} + 2\overrightarrow{SR}$ f) $\overrightarrow{QR} + \vec{a}$
11. Q = S; Addition von $\overrightarrow{SP}$ gibt $\overrightarrow{SP} + \overrightarrow{PQ} = \overrightarrow{PS} + \overrightarrow{SP}$ bzw. $\overrightarrow{SQ} = \vec{o}$.
12. Mit $\overrightarrow{PX} = \vec{a}$, $\overrightarrow{QY} = \vec{a}$ gilt $\overrightarrow{PX} = \overrightarrow{QY}$, Addition von $\overrightarrow{XQ}$ gibt $\overrightarrow{PX} + \overrightarrow{XQ} = \overrightarrow{XQ} + \overrightarrow{QY}$
oder $\overrightarrow{PQ} = \overrightarrow{XY}$.
Deutet man die Vektoren als Verschiebungen, so ist PXYQ ein Parallelogramm.

33. Affine Teilräume

1. Jeder Teilraum ist ein Punkt P (eine Gerade g, eine Ebene E, der Raum).
   $P = Q$ oder $P \neq Q$; $g_P = g_Q$ oder ($g_P \parallel g_Q$ und $g_P \neq g_Q$);
   $E_P = E_Q$ oder ($E_P \parallel E_Q$ und $E_P \neq E_Q$)
2. a) $\{1 + kx + x^2 \mid k \in \mathbb{R}\}$ $(\{1 + (1+k)x + x^2 \mid k \in \mathbb{R}\}$;
   $\{1 + kx + 2x^2 \mid k \in \mathbb{R}\})$
   b) Die erste und die zweite Menge haben dieselben Elemente, sind also gleich.
3. Es sind lauter disjunkte einelementige Mengen; kurz gesagt: Jeder Teilraum enthält je genau einen Punkt. (keine Zerlegung: Teilraum = A^3)

34. Geraden

1.

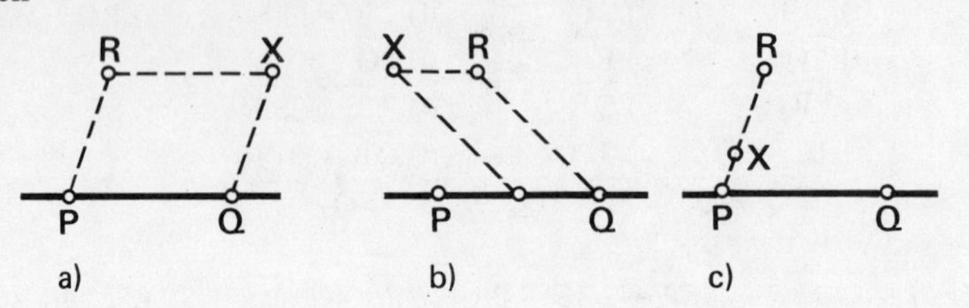

2.

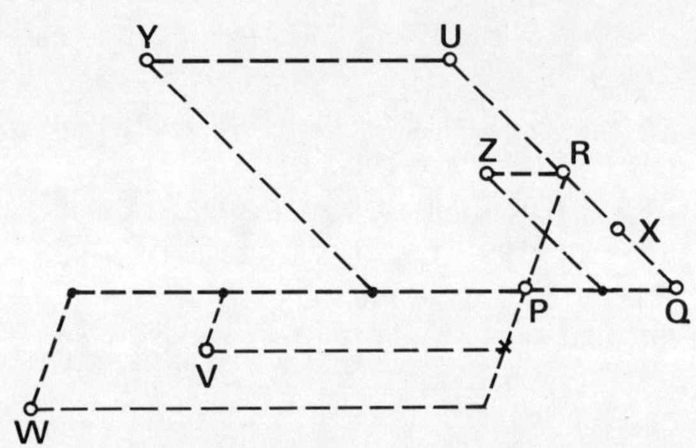

3.

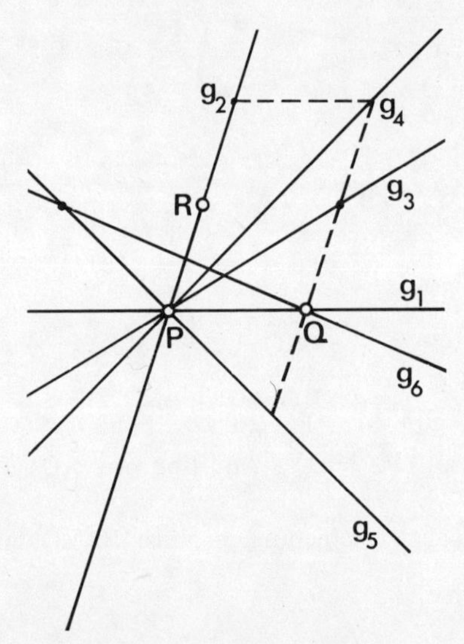

4. a) falsch; $\mathfrak{u} = \mathfrak{o}$ ist keine Gerade zugeordnet.
b) falsch; $\mathfrak{v} = \mathfrak{o}$ bestimmt keine Gerade.
c), d), e) sind wahr.
f) falsch; zwar gilt $\overrightarrow{PQ} \in \mathfrak{W}$, aber es braucht nicht $\overrightarrow{PQ} \in \mathfrak{U}$ gelten.

5. Es ist $g_1 = \{x \mid \overrightarrow{PX} = t\mathfrak{v}_1 \text{ und } t \in \mathbb{R}\}$, $g_2 = \{Y \mid \overrightarrow{QY} = s\mathfrak{v}_2 \text{ und } s \in \mathbb{R}\}$. Da $\{\mathfrak{v}_1, \mathfrak{v}_2\}$ eine Basis des zugehörigen Vektorraumes ist, ist die Darstellung $\overrightarrow{PQ} = u\mathfrak{v}_1 + v\mathfrak{v}_2$ mit $u, v \in \mathbb{R}$ eindeutig. Wegen $\overrightarrow{PQ} + \overrightarrow{QY} = \overrightarrow{PY}$ ist
$g_2 = \{Y \mid \overrightarrow{PY} = u\mathfrak{v}_1 + v\mathfrak{v}_2 + s\mathfrak{v}_2 \text{ mit } s \in \mathbb{R}\}$. Im Falle eines Schnittpunktes muß $X = Y$ und damit $\overrightarrow{PY} = \overrightarrow{PX}$ sein:
$u\mathfrak{v}_1 + v\mathfrak{v}_2 + s\mathfrak{v}_2 = t\mathfrak{v}_1$ oder $(u - t)\mathfrak{v}_1 + (v + s)\mathfrak{v}_2 = \mathfrak{o}$.
Da $\mathfrak{v}_1, \mathfrak{v}_2$ linear unabhängig sind, muß $t = u$, $s = -v$ sein; diese Zahlen sind aber eindeutig bestimmt. D. h. g_1 und g_2 haben genau einen Schnittpunkt.

6. Nein. Wäre dies möglich, so bräuchte man zur Definition affiner Räume außer den Vektoren nicht auch noch Punkte als Grundbegriffe einführen.

7. a) $P = 0 + x + 0x^2$, $Q = 0 + x + 1x^2$; $\overrightarrow{PQ} = (0; 1)$
b) Trage alle Vektoren $k(0; 1) = (0; k)$ an P an: $0 + x + (0 + k)x^2$, also:
$g_1 = \{x + kx^2 \mid k \in \mathbb{R}\}$; $1 + x \notin g_1$.
c) Koeffizientenvergleich bei $0 + x + kx^2$ mit $a_0 + x + 0x^2$ gibt $a_0 = 0$ und $k = 0$, Schnittpunkt ist daher $S = 0 + x + 0x^2 = x$.
d) z. B. $g_3 = \{5 + x + kx^2 \mid k \in \mathbb{R}\}$
e) Nach c) ist $S = x$ Schnittpunkt von g_1 mit g_2.
S liegt auf g_4 für $t = 0$.

35. Darstellung einer Geraden durch Ortsvektoren

1. a), b), c), d), g); e), h)

2.

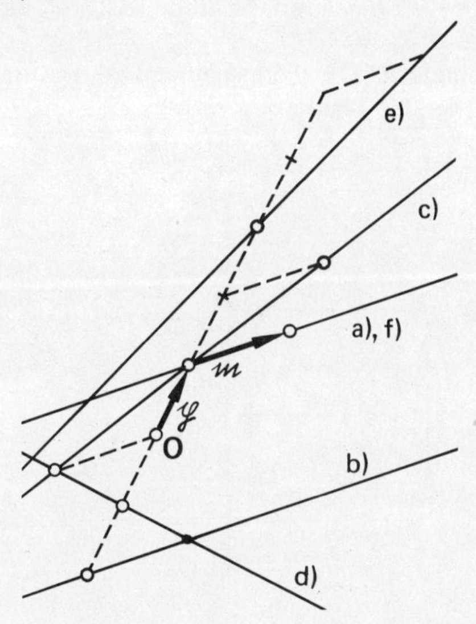

3.

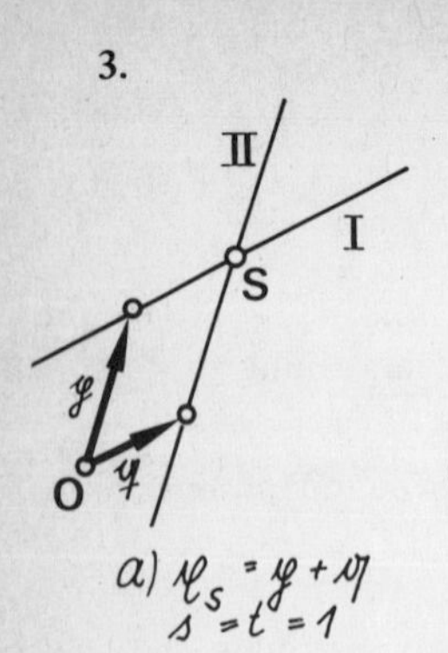

a) $\mathfrak{x}_S = \mathfrak{p} + \mathfrak{q}$
$s = t = 1$

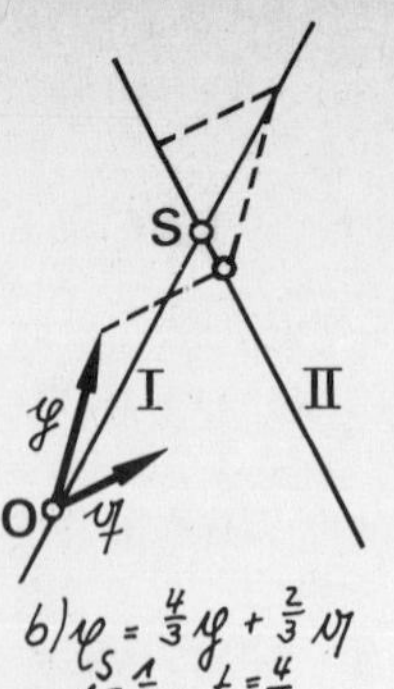

b) $\mathfrak{x}_S = \frac{4}{3}\mathfrak{p} + \frac{2}{3}\mathfrak{q}$
$s = \frac{1}{3}$; $t = \frac{4}{3}$

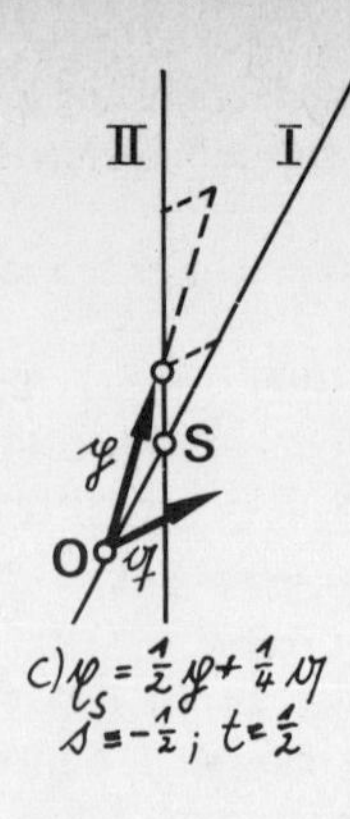

c) $\mathfrak{x}_S = \frac{1}{2}\mathfrak{p} + \frac{1}{4}\mathfrak{q}$
$s = -\frac{1}{2}$; $t = \frac{1}{2}$

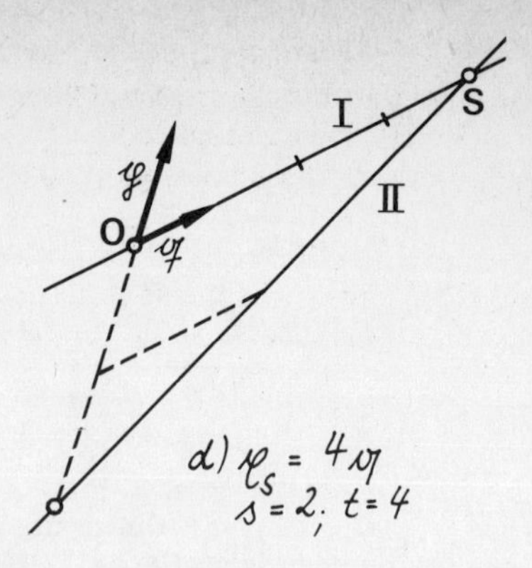

d) $\mathfrak{x}_S = 4\mathfrak{q}$
$s = 2$; $t = 4$

4. a) $\mathfrak{x} = t\overrightarrow{OP}$ b) $\mathfrak{x} = \overrightarrow{OQ} + t(\overrightarrow{OR} - \overrightarrow{OQ})$
c) $\mathfrak{x} = \overrightarrow{OP} + t(\overrightarrow{OR} - \overrightarrow{OP})$ d) $\mathfrak{x} = \overrightarrow{OP} + t(\overrightarrow{OQ} - \overrightarrow{OP})$

5. a) $\mathfrak{q} - \mathfrak{p}$ b) $\mathfrak{r} - \mathfrak{p}$ c) $\mathfrak{q} - \mathfrak{r}$ d) $\mathfrak{r} - \mathfrak{q}$ e) $\mathfrak{r}$
f) $\mathfrak{q} - \mathfrak{r}$ g) $2\mathfrak{r} - \mathfrak{p} - \mathfrak{q}$

6. a) $\mathfrak{x} = \overrightarrow{OP} + t(\overrightarrow{OQ} - \overrightarrow{OP})$ b) $\mathfrak{x} = \overrightarrow{OR} + t(\overrightarrow{OQ} - \overrightarrow{OP})$
c) $\mathfrak{x} = \overrightarrow{OQ} + t(\overrightarrow{OP} - \overrightarrow{OR})$ d) $\mathfrak{x} = \overrightarrow{OP} + t\overrightarrow{OR}$

7. a) $\{\mathfrak{m}_1, \mathfrak{m}_2\}$ ist eine Basis des zugehörigen Vektorraumes. $\mathfrak{p}$ und $\mathfrak{q}$ haben bez. dieser Basis je eine eindeutige Darstellung. Es sei:

$\mathfrak{p} = p_1\mathfrak{m}_1 + p_2\mathfrak{m}_2, \quad \mathfrak{q} = q_1\mathfrak{m}_1 + q_2\mathfrak{m}_2 \qquad (1)$

Im Schnittpunkt S bezeichnen $\mathfrak{x}$ und $\mathfrak{y}$ denselben Ortsvektor. In diesem Fall ist
$p_1\mathfrak{m}_1 + p_2\mathfrak{m}_2 + t\mathfrak{m}_1 = q_1\mathfrak{m}_1 + q_2\mathfrak{m}_2 + s\mathfrak{m}_2$ bzw.
$(p_1 - q_1 + t)\mathfrak{m}_1 + (p_2 - q_2 - s)\mathfrak{m}_2 = \mathfrak{o}$.
Da $\mathfrak{m}_1, \mathfrak{m}_2$ linear unabhängig sind, muß sein $t = q_1 - p_1$ und $s = p_2 - q_2$. Da p_1, p_2, q_1, q_2 eindeutig bestimmte reelle Zahlen sind, gibt es allemal die Zahlen t, s und sie sind überdies eindeutig bestimmt. Es gibt damit stets einen eindeutig bestimmten Schnittpunkt.

b) Bei a) sind die Darstellungen (1) im allgemeinen Fall nicht möglich. Die Geraden können windschief sein, vgl. die Figur.

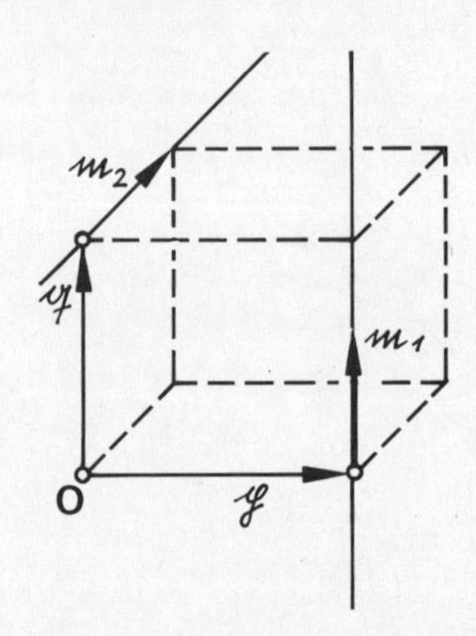

8. Die Geraden sind Raumdiagonalen in dem von O, P, Q, R bestimmten Spat
$\mathfrak{x}_S = \frac{1}{2}(\mathfrak{p} + \mathfrak{q} + \mathfrak{r})$

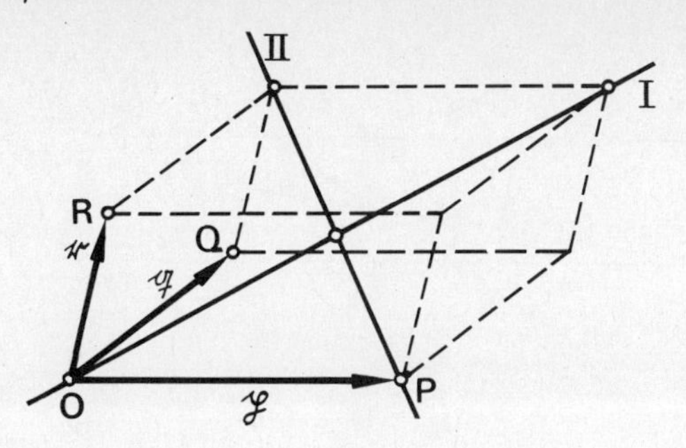

9. a) $(-3; 8), (3; -1), (0; 3{,}5)$
b) $1 - 3x + 8x^2$; $1 + 3x - x^2$; $1 + 3{,}5x^2$
c) Einsetzen von $(2; 0)$ für $\mathfrak{x}$ gibt
$\begin{matrix} 1 - 2t = 2 \\ 2 + 3t = 0 \end{matrix}$ bzw. $\begin{matrix} t = -\frac{1}{2} \\ t = -\frac{2}{3} \end{matrix}$; also liegt R nicht auf g_1.
d) $\mathfrak{x} = s(2; 0)$; $\begin{matrix} 1 - 2t = 2s \\ 2 + 3t = 0 \end{matrix}$ bzw. $t = -\frac{2}{3}$, $s = \frac{7}{6}$, $\mathfrak{x}_S = (\frac{7}{3}; 0)$, $S = 1 + \frac{7}{3}x$.

36. Darstellung einer Geraden im Koordinatensystem

1. $P \in g$, $Q \notin g$, $R \in g$

2. z.B. $P(1) = (4|4|-3)$, $P(0) = (1|2|-2)$, $P(-1) = (-2|0|-1)$, $P \notin g$, $Q \notin g$, $X(0|\frac{4}{3}|-\frac{5}{3})$

3. a) $\mathfrak{x} = \begin{pmatrix} 1 \\ 2 \end{pmatrix} + t\begin{pmatrix} 2 \\ -3 \end{pmatrix}$ b) $\mathfrak{x} = \begin{pmatrix} 1 \\ 2 \end{pmatrix} + t\begin{pmatrix} 4 \\ 1 \end{pmatrix}$ c) $\mathfrak{x} = t\begin{pmatrix} -3 \\ 1 \end{pmatrix}$

4. $\mathfrak{x} = \begin{pmatrix} 2 \\ 1 \\ 3 \end{pmatrix} + t\begin{pmatrix} -3 \\ 3 \\ 2 \end{pmatrix}$; $R \notin g$, $S \notin g$

5. 2. Gerade $\begin{pmatrix} x_1 \\ x_2 \end{pmatrix} = \begin{pmatrix} 8 \\ -5 \end{pmatrix} + s'\begin{pmatrix} -3 \\ 2 \end{pmatrix}$. Da der Punkt $(8|-5)$ auf der ersten Gerade liegt und die Richtungsvektoren übereinstimmen, liegen zwei Darstellungen derselben Gerade vor.

6. Beispiele: a) $(-5|0), (3|8)$ b) $(2|-1), (-1|1)$ c) $(2|1), (-4|4)$
d) $(3|1), (3|2)$ e) $(0|4), (2|0)$ f) $(2|0), (1|3)$ g) $(3|1), (3|2)$
h) $(2|3), (4|6)$

7. a), c), d), e), f): ja; b) nein

8. a) $x_2 = \frac{1}{2}x_1 + 1$ b) $x_2 = 6x_1 - 2$ c) $x_2 = -\frac{5}{2}x_1$ d) $x_2 = 3$, x_1 bel.

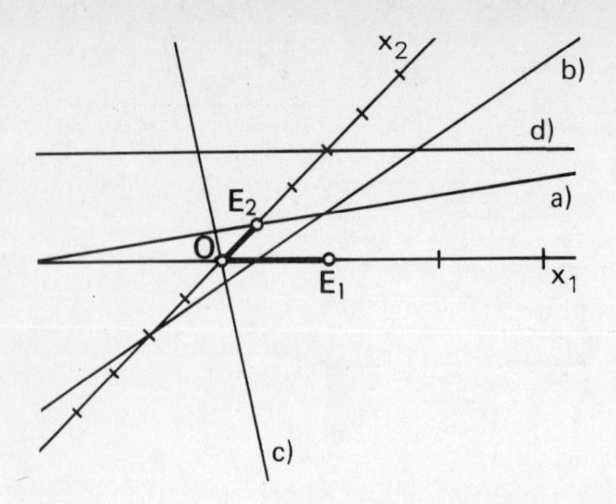

9. a) $\mathfrak{x} = \begin{pmatrix} 2 \\ 1 \end{pmatrix} + t\begin{pmatrix} -1 \\ 3 \end{pmatrix}$; $x_2 = -3x_1 + 7$ b) $\mathfrak{x} = \begin{pmatrix} 2 \\ 1 \end{pmatrix} + t\begin{pmatrix} -6 \\ 4 \end{pmatrix}$; $3x_2 = -2x_1 + 7$

c) $\mathfrak{x} = t\begin{pmatrix} 1 \\ 2 \end{pmatrix}$; $x_2 = 2x_1$ d) $\mathfrak{x} = t\begin{pmatrix} 3 \\ -1 \end{pmatrix}$; $3x_2 = -x_1$

10. P_1, P_2, P_4, P_6

11. a) Multiplikation der ersten Gleichung mit (— 3) und dann Addition von 7 liefert die zweite Gleichung.
b), c) Multiplikation der ersten Gleichung mit (— 3), der zweiten Gleichung mit 2 und Addition führt zu a).

12. g_1: Aus $x_3 = 3t = -3$ folgt $t = -1$, $x_1(-1) = 3$, $x_2(-1) = 1$
g_2: Aus $x_1 = 3 - 6s = 3$ folgt $s = 0$, $x_2(0) = 1$, $x_3(0) = -3$
Richtungsvektoren sind $\mathfrak{m}_1 = (-2; 1; 3)$, $\mathfrak{m}_2 = (-6; 3; 4) = 3(-2; 1; \frac{4}{3})$,
also $g_1 \neq g_2$.

13. a) I. Addition der ersten und zweiten Gleichung gibt $x_2 = 2 - x_1$.
II. Addition der dritten Gleichung und der mit (— 2) multiplizierten ersten Gleichung gibt $x_3 = -3 + 2x_1$.
b) $P \in g$, $Q \notin g$
c) Parameterdarstellung: $\begin{pmatrix} x_1 \\ x_2 \\ x_3 \end{pmatrix} = \begin{pmatrix} p_1 \\ p_2 \\ p_3 \end{pmatrix} + t\begin{pmatrix} m_1 \\ m_2 \\ m_3 \end{pmatrix}$ oder $x_1 = p_1 + tm_1$ (1), $x_2 = p_2 + tm_2$ (2), $x_3 = p_3 + tm_3$ (3)

Ist $m_1 = m_2 = m_3 = 0$, so ist durch das LGS keine Gerade bestimmt, sondern nur der Punkt $(p_1|p_2|p_3)$. Ist z. B. $m_1 \neq 0$, so ergibt Auflösen von (1) nach t und Einsetzen in (2) bzw. (3) die beiden linearen Gleichungen: $m_1x_2 - m_2x_1 = m_1p_2 - m_2p_1$
$m_1x_3 - m_3x_1 = m_1p_3 - m_3p_1$.

37. Schnitt zweier Geraden

1. a) $(-1|4)$ b) $(-\frac{7}{8}|-\frac{13}{8})$
2. a) $g_1 = g_2$ b) $\{\ \}$
3. a) $(0|3|2)$ b) $(-1|0|3)$
4. $(2|-3)$
5. Schnittpunkt $(2|0|1)$
6. $(8|5)$

7. Kein Schnittpunkt. Beachte: Gerade RP ist parallel zur 2,3-Ebene.

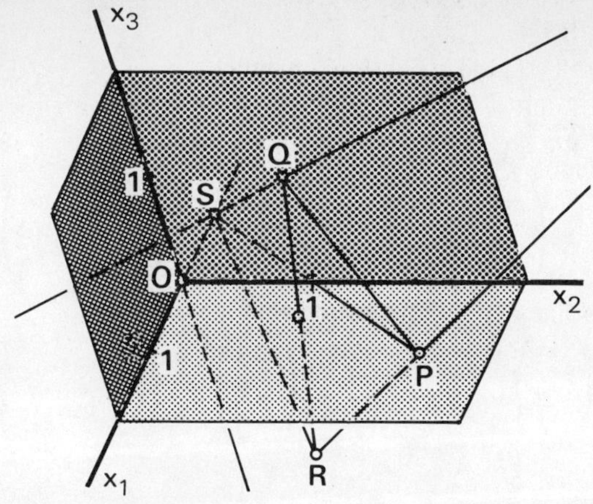

8. $(\frac{13}{4} | \frac{1}{2} | 0)$, $(4 | 0 | -1)$, $(0 | \frac{8}{3} | \frac{13}{3})$
9. $(-1 | 3)$
10. $P(2 | 1)$, $Q(0 | -1)$, $R(-2 | -1)$

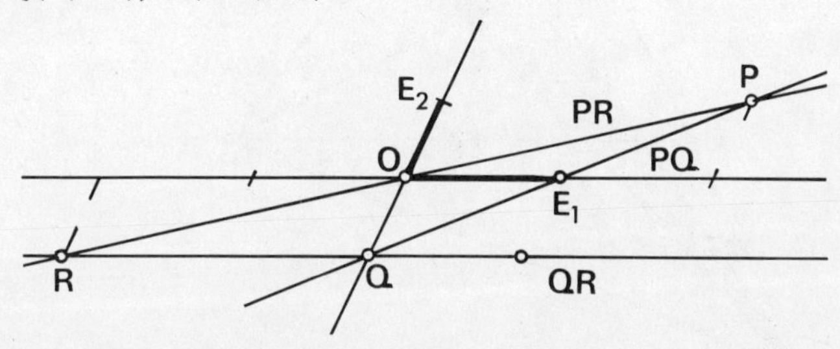

11. genau einen Punkt: Die Richtungsvektoren sind linear unabhängig.
unendlich viele Punkte: $(m_1^*, m_2^*) = k(m_1, m_2)$ und $(q_1, q_2) \in g_1$
keine Punkte: $(m_1^*, m_2^*) = k(m_1, m_2)$ und $(q_1, q_2) \notin g_1$

38. Parallele und windschiefe Geraden

1. a) $\mathscr{X} = \begin{pmatrix} 1 \\ 0 \end{pmatrix} + t\begin{pmatrix} 1 \\ -1 \end{pmatrix}$ b) $\mathscr{X} = \begin{pmatrix} 3 \\ -2 \end{pmatrix} + t\begin{pmatrix} 1 \\ -1 \end{pmatrix}$ c) $\mathscr{X} = \begin{pmatrix} -\frac{1}{2} \\ \frac{2}{3} \end{pmatrix} + t\begin{pmatrix} 1 \\ -1 \end{pmatrix}$

2. a) g_1 und g_3, g_2 und g_4 b) $\mathscr{X} = \begin{pmatrix} -2 \\ 4 \\ 5 \end{pmatrix} + t\begin{pmatrix} -1 \\ 2 \\ 1 \end{pmatrix}$

3. $\mathscr{m}(PQ) = (2; -4)$, $\mathscr{m}(RS) = (2; -4)$, $\mathscr{m}(PR) = (3; -2)$, $\mathscr{m}(QS) = (3; -2)$;
$PQ \parallel RS$, $PR \parallel QS$

4. $P(4 | -3)$ liegt auf der Parallelen.

5. P: $\mathscr{X} = \begin{pmatrix} 2 \\ -3 \end{pmatrix} + p\begin{pmatrix} 2 \\ 4 \end{pmatrix}$, Q: $\mathscr{X} = \begin{pmatrix} 0 \\ 4 \end{pmatrix} + q\begin{pmatrix} 4 \\ -3 \end{pmatrix}$, R: $\mathscr{X} = \begin{pmatrix} -2 \\ 0 \end{pmatrix} + r\begin{pmatrix} 2 \\ -7 \end{pmatrix}$

$P' = (-4 | 7)$, $Q' = (0 | -7)$, $R' = (4 | 1)$

6. a) $\overrightarrow{PQ} = (2; 2; 4)$, $\overrightarrow{PR} = (2; 0; 6)$, $\overrightarrow{PS} = (0; -2; 2)$, $\overrightarrow{QR} = (0; -2; 2)$,
$\overrightarrow{QS} = -(2; 4; 2)$, $\overrightarrow{RS} = -(2; 2; 4)$;
$\overrightarrow{PQ}, \overrightarrow{SR}$ und $\overrightarrow{PS}, \overrightarrow{QR}$ sind je gleichsinnig parallel.
b) $\overrightarrow{PQ} = (-2; 4; 0)$, $\overrightarrow{PR} = (6; 0; 4)$, $\overrightarrow{PS} = (5; -2; 4)$, $\overrightarrow{QR} = (8; -4; 4)$,
$\overrightarrow{QS} = (7; -6; 4)$, $\overrightarrow{RS} = (-1; -2; 0)$; kein Parallelogramm.

7. (PR): $\mathfrak{x} = \begin{pmatrix}1\\0\\2\end{pmatrix} + t\begin{pmatrix}-1\\0\\2\end{pmatrix}$, (QS): $\mathfrak{x} = \begin{pmatrix}-2\\1\\3\end{pmatrix} + s\begin{pmatrix}5\\-0{,}5\\-4\end{pmatrix}$,

(PR) und (QS) schneiden sich nicht und sind nicht parallel.

8. $\mathfrak{x} = \begin{pmatrix}-3\\2\\-4\end{pmatrix} + t\begin{pmatrix}-1\\4\\1\end{pmatrix}$, $\left(\mathfrak{x} = \begin{pmatrix}-3\\2\\-4\end{pmatrix} + t\begin{pmatrix}1\\4\\1\end{pmatrix}\right)$

9. a)

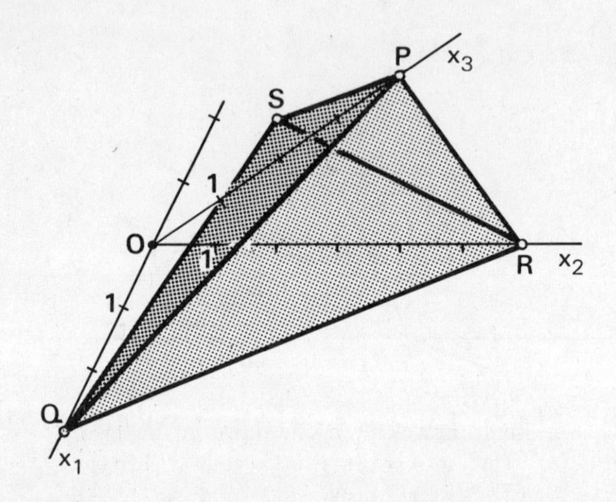

b) Paare windschiefer Kanten: PQ und RS, PR und QS, PS und QR
Kanten mit einem Schnittpunkt: PQ, PR, PS; QP, QR, QS; RP, RQ, RS; SP, SQ, SR

10. a) $\mathfrak{x} = \mathfrak{p} + t\mathfrak{m}$ b) $\mathfrak{x} = \mathfrak{p} + t(\mathfrak{b} - \mathfrak{m})$ c) $\mathfrak{x} = t(\mathfrak{b} - \mathfrak{p})$

11. a) Koordinatengleichung: $x_2 = mx_1 + n$
Parameterdarstellung: $x_1 = t$, $x_2 = n + tm$ bzw. $\mathfrak{x} = \begin{pmatrix}0\\n\end{pmatrix} + t\begin{pmatrix}1\\m\end{pmatrix}$

b) Sie haben dieselbe m-Zahl. c) $x_2 + 1 = 3(x_1 - 2)$ bzw. $x_2 = 3x_1 - 7$
d) $\overrightarrow{P_1P_2} = (-1; 5)$, $\overrightarrow{Q_1Q_2} = (1; -6)$; nicht parallel

12. $\mathfrak{p}, \mathfrak{q}, \mathfrak{m}$ sind linear unabhängig.

39. Teilverhältnis. Strecke

1. a) $M_{PQ}(\frac{5}{2} | 3)$, $M_{QR}(2 | \frac{7}{2})$, $M_{RS}(1|1)$, $M_{SP}(\frac{3}{2} | \frac{1}{2})$
b) $\overrightarrow{M_{PQ}M_{QR}} = (-\frac{1}{2}; \frac{1}{2}) = \overrightarrow{M_{SP}M_{RS}}$, $\overrightarrow{M_{RS}M_{QR}} = (1; \frac{5}{2}) = \overrightarrow{M_{SP}M_{PQ}}$
Aus der Gleichheit der Richtungsvektoren folgt: Es ist ein Parallelogramm.

2. $M_{PQ}(-1|\frac{3}{2}|0)$; $M(\frac{1}{2}|-\frac{3}{4}|-\frac{1}{2})$; $(-\frac{1}{3}|2|-\frac{2}{3})$

3. Ansatz: $\begin{pmatrix}1\\-2\\3\end{pmatrix} + t\begin{pmatrix}-4\\2\\2\end{pmatrix} = \begin{pmatrix}4\\-3{,}5\\1{,}5\end{pmatrix}$ Für jede Koordinate gilt $t = -\frac{3}{4}$

(Teilverhältnis). R liegt „rechts“ von P, nicht zwischen P und Q.

Es ist: $\begin{pmatrix}1\\-2\\3\end{pmatrix} + \frac{1}{8}\begin{pmatrix}-4\\2\\2\end{pmatrix} = \frac{1}{2}\begin{pmatrix}4-3\\-3{,}5\\1{,}5+5\end{pmatrix}$

4. $X(3|4|-10)$, $(\frac{3}{4}|-\frac{11}{4}|\frac{23}{4})$

5. Keiner der Punkte liegt auf (PQ).

6. a) $(\frac{7}{12}|\frac{1}{4}|\frac{8}{3})$ b) $(\frac{7}{3}|-\frac{2}{3})$

7. $x_1 = \frac{1}{3}(4+0-2) = \frac{2}{3}$; $x_2 = \frac{1}{3}(3-\frac{1}{2}+5) = \frac{5}{2}$; $x_3 = \frac{1}{3}(5+2+3) = \frac{10}{3}$

8. $\frac{1}{3}(2-1+x_1) = 0$, $\frac{1}{3}(3-2+x_2) = 0$; $R(-1|-1)$

9. $S_1(\frac{5}{3}|\frac{10}{3})$, $S_2(\frac{4}{3}|0)$, Mitte $(\frac{3}{2}|\frac{5}{3})$

10. a) Nach Definition 2 ist M Mitte von P_1P_2, wenn gilt $\overrightarrow{P_1M} = \frac{1}{2}\overrightarrow{P_1P_2}$ oder $2\overrightarrow{P_1M} = \overrightarrow{P_1P_2}$. Nach Axiom A_3 (Seite 78) ist damit $2\overrightarrow{P_1M} = \overrightarrow{P_1M} + \overrightarrow{MP_2}$.
Somit: $\mathfrak{o} = -\overrightarrow{P_1M} + \overrightarrow{MP_2}$ oder $\mathfrak{o} = \overrightarrow{MP_1} + \overrightarrow{MP_2}$.
Oder: Wählen wir M = O, so ist in $\mathfrak{x}_M = \frac{1}{2}(\mathfrak{p} + \mathfrak{q})$
$\mathfrak{p} = \overrightarrow{MP_1}$, $\mathfrak{q} = \overrightarrow{MP_2}$, $\mathfrak{x}_M = \overrightarrow{MM} = \mathfrak{o}$; also $\mathfrak{o} = \overrightarrow{MP_1} + \overrightarrow{MP_2}$.
b) Wählen wir S = O, so ist in $\mathfrak{x}_S = \frac{1}{3}(\mathfrak{p} + \mathfrak{q} + \mathfrak{r})$: $\mathfrak{p} = \overrightarrow{SP_1}$, $\mathfrak{q} = \overrightarrow{SP_2}$, $\mathfrak{r} = \overrightarrow{SP_3}$, $\mathfrak{x}_S = \overrightarrow{SS} = \mathfrak{o}$; also ist $\mathfrak{o} = \overrightarrow{SP_1} + \overrightarrow{SP_2} + \overrightarrow{SP_3}$.
c) Haben X, P_1, P_2, P_3 bezüglich O die Ortsvektoren $\mathfrak{x}$, $\mathfrak{p}$, $\mathfrak{q}$, $\mathfrak{r}$, so ist $\overrightarrow{XP_1} = \mathfrak{p} - \mathfrak{x}$, $\overrightarrow{XP_2} = \mathfrak{q} - \mathfrak{x}$, $\overrightarrow{XP_3} = \mathfrak{r} - \mathfrak{x}$. Nach Aufgabe soll also gelten $\mathfrak{p} - \mathfrak{x} + \mathfrak{q} - \mathfrak{x} + \mathfrak{r} - \mathfrak{x} = \mathfrak{o}$, also $\mathfrak{p} + \mathfrak{q} + \mathfrak{r} = 3\mathfrak{x}$. Somit ist $\mathfrak{x}$ der Ortsvektor des Schwerpunktes.

11. a) $m_1\mathfrak{p}_1 + m_2\mathfrak{p}_2 = [m_1 + m_2]\mathfrak{x}_1$ bzw. $\mathfrak{x}_1 = \frac{1}{m_1 + m_2}(m_1\mathfrak{p}_1 + m_2\mathfrak{p}_2)$
b) $[m_1 + m_2]\mathfrak{x}_1 + m_3\mathfrak{p}_3 = ([m_1 + m_2] + m_3)\mathfrak{x}_2$. Mit a) folgt durch Einsetzen $m_1\mathfrak{p}_1 + m_2\mathfrak{p}_2 + m_3\mathfrak{p}_3 = (m_1 + m_2 + m_3)\mathfrak{x}_2$ bzw.
$\mathfrak{x}_2 = \frac{1}{m_1 + m_2 + m_3}(m_1\mathfrak{p}_1 + m_2\mathfrak{p}_2 + m_3\mathfrak{p}_3)$
c) Nach b) ist $\mathfrak{x}_2$ der Ortsvektor des Systems der gewichteten Punkte P_1, P_2, P_3.

12. $(\frac{1}{3}|-\frac{1}{2}|2)$

13. $\mathfrak{x}_1 = \frac{1}{3}(\mathfrak{p} + \mathfrak{q} + \mathfrak{r})$; $\mathfrak{x}_2 = \frac{1}{3}(\mathfrak{r} + \mathfrak{s} + \mathfrak{p})$;
Mitte M: $\mathfrak{x} = \frac{1}{2}(\mathfrak{x}_1 + \mathfrak{x}_2) = \frac{1}{6}(2\mathfrak{p} + \mathfrak{q} + 2\mathfrak{r} + \mathfrak{s})$
Schwerpunkt T: $\mathfrak{m} = \frac{1}{4}(\mathfrak{p} + \mathfrak{q} + \mathfrak{r} + \mathfrak{s})$, also $M \neq T$.

14. Gerade (RX): $\mathfrak{x} = \overrightarrow{PR} + t(\frac{1}{4}\overrightarrow{PQ} - \overrightarrow{PR})$
Seitenhalbierende von PR: $\mathfrak{m} = \overrightarrow{PQ} + s(\frac{1}{2}\overrightarrow{PR} - \overrightarrow{PQ})$
$\mathfrak{x} = \mathfrak{m}$ gibt nach Ordnen: $(1 - t - \frac{s}{2})\overrightarrow{PR} + (-1 + \frac{1}{4}t + s)\overrightarrow{PQ} = \mathfrak{o}$. Daraus folgt $t = \frac{4}{7}$. Die Koeffizienten sind Null für $t = \frac{4}{7}$.

(Seitenhalbierende von QR: $\mathfrak{y} = s \cdot \frac{1}{2}(\overrightarrow{PQ} + \overrightarrow{PR})$

$\mathfrak{x} = \mathfrak{y}$ gibt $(1 - t - \frac{s}{2})\overrightarrow{PR} + (\frac{t}{s} - \frac{s}{2})\overrightarrow{PQ} = \mathfrak{o}$. Daraus folgt $t = \frac{4}{5}$.)

15. Ist M Mitte von RQ, so ist $\overrightarrow{PM} = \frac{1}{2}[\overrightarrow{PQ} + \overrightarrow{PR}]$ und $\overrightarrow{PX} = \frac{1}{4}[\overrightarrow{PQ} + \overrightarrow{PR}]$.

Gerade (RX): $\mathfrak{x} = \overrightarrow{PR} + t(\frac{1}{4}[\overrightarrow{PQ} + \overrightarrow{PR}] - \overrightarrow{PR})$

Gerade (PQ): $\mathfrak{y} = s\overrightarrow{PQ}$

$\mathfrak{x} = \mathfrak{y}$ oder $(1 - \frac{3}{4}t)\overrightarrow{PR} + (\frac{t}{4} - s)\overrightarrow{PQ} = \mathfrak{o}$. Daraus folgt $s = \frac{1}{3}$.

16. a) Für die Mitte M von QS gilt $\overrightarrow{PM} = \frac{1}{2}(\overrightarrow{PQ} + \overrightarrow{PS})$. Da sich die Diagonalen halbieren, ist $\overrightarrow{PR} = 2\overrightarrow{PM}$, also $\overrightarrow{PR} = \overrightarrow{PQ} + \overrightarrow{PS}$.

I. Da in jedem affinen Raum $\overrightarrow{PR} = \overrightarrow{PQ} + \overrightarrow{QR}$ ist, gilt $\overrightarrow{PQ} + \overrightarrow{PS} = \overrightarrow{PQ} + \overrightarrow{QR}$ bzw. $\overrightarrow{PS} = \overrightarrow{QR}$.

II. Mit $-\overrightarrow{PS} + \overrightarrow{PR} = \overrightarrow{PQ}$ oder $\overrightarrow{SP} + \overrightarrow{PR} = \overrightarrow{PQ}$ ist $\overrightarrow{SR} = \overrightarrow{PQ}$.

Nach I, II sind die Gegenseiten je parallel.

b) Gerade (PR): $\mathfrak{x} = t(\overrightarrow{PQ} + \overrightarrow{PS})$, Gerade (QS): $\mathfrak{y} = \overrightarrow{PQ} + s(\overrightarrow{PS} - \overrightarrow{PQ})$. $\mathfrak{x} = \mathfrak{y}$ oder $(t + s - 1)\overrightarrow{PQ} + (t - s)\overrightarrow{PS} = \mathfrak{o}$. Daraus folgt $s = t = \frac{1}{2}$, also Halbierung.

17. Dreieck PQR; $\overrightarrow{QR} = \overrightarrow{PR} - \overrightarrow{PQ}$

Mitte von PQ ist R_1 mit $\overrightarrow{PR_1} = \frac{1}{2}\overrightarrow{PQ}$.

Mitte von PR ist Q_1 mit $\overrightarrow{PQ_1} = \frac{1}{2}\overrightarrow{PR}$. Also ist $\overrightarrow{R_1Q_1} = \frac{1}{2}(\overrightarrow{PR} - \overrightarrow{PQ})$.

Aus der Darstellung von $\overrightarrow{QR}$ und $\overrightarrow{R_1Q_1}$ folgt: $QR \parallel R_1Q_1$.

18. a) $\frac{3}{5}$ b) $\frac{5}{2}$ c) $\frac{5}{3}$ d) 0

19. $\frac{1}{3}$; $x_2 = 2$

40. Ebenen

1. Beispiele: Für $(s; t) = (1; 2)$ bzw. $(3; -1)$ erhält man

a) $(6|-1|3), (2|4|-2)$ b) $(2|2|2), (4|-1|6)$

c) $(0|3|5), (0|2|-1)$ d) $(3|1|-1), (5|-4|2)$

e) $(1|1|2), (3|3|-1)$ f) $(2|2|1), (2|-1|3)$

Richtungsvektoren:

c) $(0; 1; 0), (0; 1; 2)$ d) $(1; -1; 0), (0; 1; -1)$

e) $(1; 1; 0), (0; 0; 1)$ f) $(0; 0; 1), (0; 1; 0)$

2. P liegt auf den Ebenen a), c).

3. a) Es ist die 1,3-Ebene.

b) Keine Ebene. Es sind alle Punkte der 2,3-Ebene mit $x_2 = x_3$.

c) Keine Ebene. Es ist die Parallele zur x_3-Achse durch $(0|1|0)$.

d) Keine Ebene. Es ist die Parallele zur Gerade in b) durch $(1|0|0)$.

4. $\mathfrak{x} = \begin{pmatrix} -1 \\ 3 \\ 0{,}5 \end{pmatrix} + s\begin{pmatrix} 4 \\ -1 \\ 3 \end{pmatrix} + t\begin{pmatrix} -2 \\ 1 \\ 0 \end{pmatrix}$; $3x_1 + 6x_2 - 2x_3 = 14$

5. $\mathfrak{x} = \begin{pmatrix} 2 \\ 0 \\ -3 \end{pmatrix} + s\begin{pmatrix} -1 \\ 2 \\ 3 \end{pmatrix} + t\begin{pmatrix} -2 \\ 1 \\ 1 \end{pmatrix}$; $(x_1 + 5x_2 - 3x_3 = 11)$

6. $\mathfrak{x} = \mathfrak{p} + t\mathfrak{w} + s(\mathfrak{v} - \mathfrak{p})$

7. a) $\mathcal{E} = \begin{pmatrix} 2 \\ -1 \\ 3 \end{pmatrix} + s \begin{pmatrix} 1 \\ 0 \\ 2 \end{pmatrix} + t \begin{pmatrix} 0 \\ -2 \\ 1 \end{pmatrix}$; $\quad 4x_1 - x_2 - 2x_3 = 3$

b) $\mathcal{E} = \begin{pmatrix} 1 \\ -1 \\ 2 \end{pmatrix} + s \begin{pmatrix} -1 \\ 4 \\ -4 \end{pmatrix} + t \begin{pmatrix} 3 \\ 3 \\ -2 \end{pmatrix}$; $\quad 4x_1 - 14x_2 - 15x_3 + 12 = 0$

c) $\mathcal{E} = \begin{pmatrix} 1 \\ 1 \\ 1 \end{pmatrix} + t \begin{pmatrix} -1 \\ -2 \\ 0 \end{pmatrix} + s \begin{pmatrix} 1 \\ 0 \\ 2 \end{pmatrix}$; $\quad 2x_1 - x_2 - x_3 = 0$

d) $\mathcal{E} = \begin{pmatrix} 1 \\ 2 \\ 0 \end{pmatrix} + t \begin{pmatrix} 2 \\ -1 \\ 3 \end{pmatrix} + s \begin{pmatrix} 0 \\ 2 \\ 1 \end{pmatrix}$; $\quad 7x_1 + 2x_2 - 4x_3 = 11$

8. 1,2-Ebene: $\mathcal{E} = s \begin{pmatrix} 1 \\ 0 \\ 0 \end{pmatrix} + t \begin{pmatrix} 0 \\ 1 \\ 0 \end{pmatrix}$; $\quad x_3 = 0,\ x_1, x_2$ beliebig

2,3-Ebene: $\mathcal{E} = s \begin{pmatrix} 0 \\ 1 \\ 0 \end{pmatrix} + t \begin{pmatrix} 0 \\ 0 \\ 1 \end{pmatrix}$; $\quad x_1 = 0,\ x_2, x_3$ beliebig

3,1-Ebene: $\mathcal{E} = s \begin{pmatrix} 0 \\ 0 \\ 1 \end{pmatrix} + t \begin{pmatrix} 1 \\ 0 \\ 0 \end{pmatrix}$; $\quad x_2 = 0,\ x_3, x_1$ beliebig

9. a)

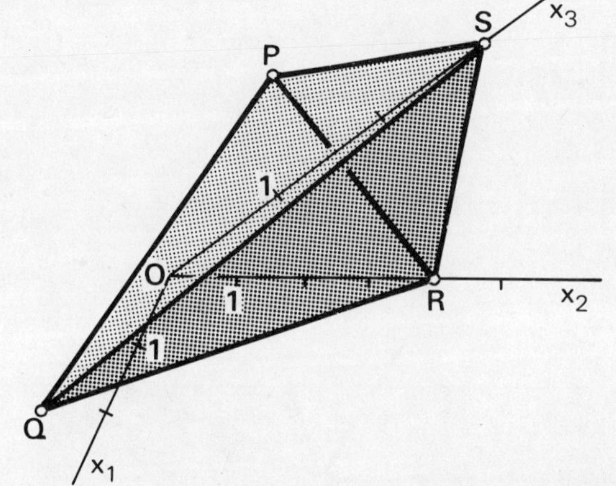

b) (PQR): $x_3 = 0$; (PQS): $\mathcal{E} = \begin{pmatrix} -3 \\ 0 \\ 0 \end{pmatrix} + s \begin{pmatrix} 5 \\ -1 \\ 0 \end{pmatrix} + t \begin{pmatrix} 3 \\ 0 \\ 3 \end{pmatrix}$

(PRS): $\mathcal{E} = \begin{pmatrix} -3 \\ 0 \\ 0 \end{pmatrix} + s \begin{pmatrix} 3 \\ 4 \\ 0 \end{pmatrix} + t \begin{pmatrix} 3 \\ 0 \\ 3 \end{pmatrix}$; (QRS): $\mathcal{E} = \begin{pmatrix} 2 \\ -1 \\ 0 \end{pmatrix} + s \begin{pmatrix} -2 \\ 5 \\ 0 \end{pmatrix} + t \begin{pmatrix} -2 \\ 1 \\ 3 \end{pmatrix}$

10. Es ist $\mathscr{u}^* = -2\mathscr{u}$; $\mathscr{v}^* = -2\mathscr{v}$ und (3; 3; 1) liegt auf der ersten Ebene. Sie beschreiben dieselbe Ebene.

41. Schnitt zweier Ebenen. Parallele Ebenen

1. $s = s^*$, $t = t^*$, $t = 1 - s$; $\qquad \vec{x} = \begin{pmatrix} 0 \\ 1 \\ 1 \end{pmatrix} + s \begin{pmatrix} 2 \\ -1 \\ 0 \end{pmatrix}$

2. $e_1 \cap e_2 = \{ \ \}$, $e_1 \cap e_3$: Gerade $\qquad \vec{x} = \begin{pmatrix} 17 \\ 24 \\ -6 \end{pmatrix} + t \begin{pmatrix} 2 \\ 4 \\ -3 \end{pmatrix}$

3. 1,2-Ebene: $x_3 = 0$ und x_1, x_2 beliebig
2,3-Ebene: $x_1 = 0$ und x_2, x_3 beliebig
3,1-Ebene: $x_2 = 0$ und x_3, x_1 beliebig
1,2-Ebene mit 2,3-Ebene: $x_3 = 0$ und $x_1 = 0$ und x_2 beliebig; 2. Achse
2,3-Ebene mit 3,1-Ebene: $x_1 = 0$ und $x_2 = 0$ und x_3 beliebig; 3. Achse
3,1-Ebene mit 1,2-Ebene: $x_2 = 0$ und $x_3 = 0$ und x_1 beliebig; 1. Achse

4. g_3: $\vec{x} = \begin{pmatrix} 5 \\ -5 \\ 0 \end{pmatrix} + t \begin{pmatrix} 5 \\ -5 \\ 0 \end{pmatrix}$ bzw. $x_2 = -x_1$, $x_3 = 0$

g_2: $\vec{x} = \begin{pmatrix} 5 \\ 0 \\ 5 \end{pmatrix} + s \begin{pmatrix} 5 \\ 0 \\ 5 \end{pmatrix}$ bzw. $x_3 = x_1$, $x_2 = 0$

g_1: $\vec{x} = \begin{pmatrix} 0 \\ 5 \\ 5 \end{pmatrix} + t \begin{pmatrix} 0 \\ 5 \\ 5 \end{pmatrix}$ bzw. $x_3 = x_2$, $x_1 = 0$

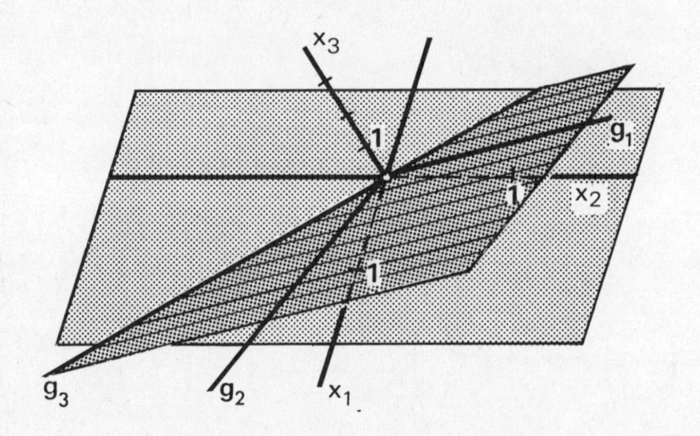

5. $(P_1Q_1R_1)$ ist die 1,2-Ebene. Da in dieser Ebene die Punkte P_2 und Q_2 liegen, ist

(P_2Q_2): $\mathfrak{x} = \begin{pmatrix} 0 \\ -2 \\ 0 \end{pmatrix} + s \begin{pmatrix} 1 \\ 1 \\ 0 \end{pmatrix}$ die Schnittgerade.

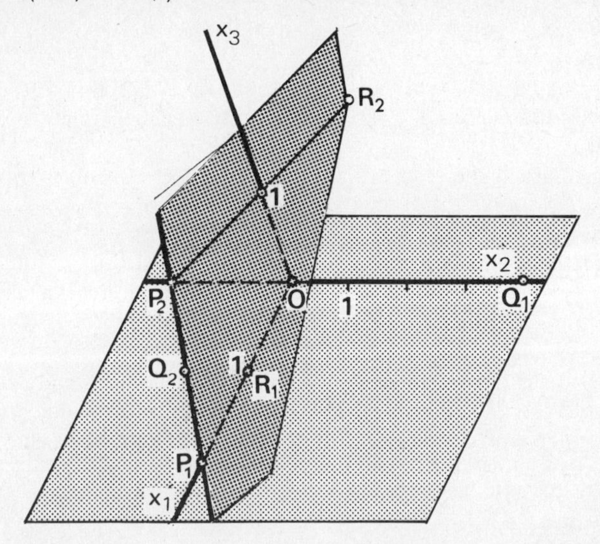

6. $e_1e_2e_3$: $(-2|0|0)$; $e_1e_2e_4$: $(0|4|0)$; $e_1e_3e_4$: $(2|0|0)$; $e_2e_3e_4$: $(0|\frac{4}{3}|\frac{8}{3})$

7. a) Gerade: $\begin{pmatrix} x_1 \\ x_2 \\ x_3 \end{pmatrix} = \begin{pmatrix} p_1 \\ p_2 \\ p_3 \end{pmatrix} + t \begin{pmatrix} m_1 \\ m_2 \\ m_3 \end{pmatrix}$ oder
$x_1 = p_1 + tm_1$ (1)
$x_2 = p_2 + tm_2$ (2)
$x_3 = p_3 + tm_3$ (3)

Ist $m_1 = m_2 = m_3 = 0$, so ist durch das LGS keine Gerade bestimmt, sondern nur der Punkt $(p_1 | p_2 | p_3)$. Ist z. B. $m_1 \neq 0$, so ergibt Auflösen von (1) nach t und Einsetzen in (2) bzw. in (3) die beiden linearen Gleichungen: $m_1x_2 - m_2x_1 = m_1p_2 - m_2p_1$
$m_1x_3 - m_3x_1 = m_1p_3 - m_3p_1$.

b) 1,2-Ebene: $x_3 = 0$ und $2x_1 - x_2 = 4$
2,3-Ebene: $x_1 = 0$ und $3x_3 - x_2 = 4$
3,1-Ebene: $x_2 = 0$ und $2x_1 - 3x_3 = 4$

8. a) $X = P + s\overrightarrow{PQ} + t\overrightarrow{PR}$ oder $X = (1 + x) + s(x^2 - x) + t(x^3 - x)$
b) $(1 + x) + s(x^2 - x) + t(x^3 - x) = 1 - x + x^2 + x^3$ oder
$(2 - s - t)x + (s - 1)x^2 + (t - 1)x^3 = 0$ ist für $s = 1, t = 1$ erfüllt. Der Punkt liegt auf der Ebene.
c) $(P_1Q_1R_1)$: $Y = 1 + x + x^2 + s'(x + 2x^2 + x^3) + t'(2x)$
$X = Y$ oder $(-s - t - s' - 2t')x + (s - 2s' - 1)x^2 + (t - s')x^3 = 0$
Schnittgerade: $1 + x^2 + s(-3x + 2x^2 + x^3)$

9. a) parallel b) $e_1 = e_2$

10. Schnittgerade: $\mathfrak{x} = \begin{pmatrix} -0,5 \\ 5 \\ 0 \end{pmatrix} + t \begin{pmatrix} 1 \\ 2 \\ 3 \end{pmatrix}$

11. $\mathfrak{x} = \begin{pmatrix} 4 \\ 1 \\ 2 \end{pmatrix} + s\begin{pmatrix} -3 \\ 2 \\ 0 \end{pmatrix} + t\begin{pmatrix} -3 \\ 0 \\ 1 \end{pmatrix}$

12. $x_3 = 1$ und x_1, x_2 beliebig
($x_1 = 2$ und x_2, x_3 beliebig; $x_2 = -3$ und x_1, x_3 beliebig)

13. 1. Fall: $P \in e$.
Ist dann e' eine Parallelebene zu e durch P, so ist: $P' \in e$ und $P \in e$, also $e' \cap e \neq \{\ \}$.
Nach Satz 1 gilt hier $e' = e$. In diesem Fall gibt es daher genau eine Parallelebene.
2. Fall: $P \notin e$.
Es sei e' eine Parallelebene zu e durch P. Aus der Voraussetzung folgt: $e' \neq e$. Nach Satz 1 ist somit hier $e' \cap e = \{\ \}$.
Eindeutigkeit:
Annahme: Es gibt eine von e' verschiedene Ebene e'' mit $P \in e''$ und $e'' \cap e = \{\ \}$.
Wegen $P \in (e' \cap e'')$ ist $e' \cap e'' \neq \{\ \}$. Daraus folgt mit der Annahme $e' \neq e''$ und mit Satz 1: $e'' \nparallel e'$. Für die zu e', e'' gehörigen Unterräume $\mathfrak{U}', \mathfrak{U}''$ gilt dann $\mathfrak{U}' \neq \mathfrak{U}''$. (*)
Ist $\mathfrak{U}$ der zu e gehörige Unterraum, so besagen die Voraussetzungen $e' \parallel e$, $e'' \parallel e$: $\mathfrak{U}' = \mathfrak{U}$, $\mathfrak{U}'' = \mathfrak{U}$. Also ist $\mathfrak{U}' = \mathfrak{U}''$. Aus diesem Widerspruch zu (*) folgt: Die Annahme $e' \neq e''$ ist falsch. Also ist auch im 2. Fall genau eine Parallelebene zu e durch P vorhanden.

42. Gerade und Ebene

1. a) $(-3|-2|5)$ b) $(\frac{5}{3}|\frac{7}{3}|\frac{8}{3})$
2. $(\frac{8}{9}|\frac{10}{9}|\frac{7}{9})$
3. $\mathfrak{x} = \begin{pmatrix} 3 \\ 1 \\ 1 \end{pmatrix} + s\begin{pmatrix} 1 \\ 2 \\ 0 \end{pmatrix}$, $\mathfrak{x} = \begin{pmatrix} 3 \\ 1 \\ 1 \end{pmatrix} + t\begin{pmatrix} -1 \\ 1 \\ -1 \end{pmatrix}$;
(PP') mit $P'(3|0|1)$: $\mathfrak{x} = \begin{pmatrix} 3 \\ 1 \\ 1 \end{pmatrix} + s\begin{pmatrix} 0 \\ -1 \\ 0 \end{pmatrix}$
4. 1,2-Ebene: $(\frac{1}{2}|-\frac{1}{2}|0)$; 2,3-Ebene: $(0|1|1)$; 3,1-Ebene: $(\frac{1}{3}|0|\frac{1}{3})$
5. $(0|2|0)$; Ebene e: $\mathfrak{x} = \begin{pmatrix} 0 \\ 2 \\ 0 \end{pmatrix} + s\begin{pmatrix} 1 \\ -1 \\ 2 \end{pmatrix} + t\begin{pmatrix} 1 \\ 1 \\ -1 \end{pmatrix}$; $X \in e$
6. $(-21|0|0)$, $(0|-5|0)$, $(0|0|\frac{25}{8})$
7. a) $g \parallel e$ und $g \not\subset e$ b) $g \subset e$

43. Vermischte Aufgaben

1. $X \in (PQ)$
2. (PQ): $\mathfrak{x} = \begin{pmatrix} 4 \\ -2 \\ 5 \end{pmatrix} + s\begin{pmatrix} -3{,}5 \\ 1 \\ -2 \end{pmatrix}$; z. B. für $s = 2$: $(-3|0|1)$
($\mathfrak{x} = \begin{pmatrix} 4 \\ -3 \end{pmatrix} + s\begin{pmatrix} 1 \\ 2 \end{pmatrix}$; z. B. für $s = 2$: $(6|1)$)

3. a) $(1|4)$ b) $(2|1)$ c) $(\frac{5}{3}|\frac{7}{3})$ d) $(\frac{1}{5}|\frac{7}{5})$

4. a) kein Schnittpunkt b) $(2|-10|-4)$

5. $(2|\frac{7}{3})$

6. (PQ): $\mathscr{X} = \begin{pmatrix} 4 \\ 2 \\ -1 \end{pmatrix} + s \begin{pmatrix} -3 \\ -4 \\ 2 \end{pmatrix}$; (QR): $\mathscr{X} = \begin{pmatrix} 1 \\ -2 \\ 1 \end{pmatrix} + s \begin{pmatrix} -4 \\ 3 \\ 3 \end{pmatrix}$;

(RP): $\mathscr{X} = \begin{pmatrix} -3 \\ 1 \\ 4 \end{pmatrix} + s \begin{pmatrix} 7 \\ 1 \\ -5 \end{pmatrix}$

7. $P \in g$, $Q \in g$, also $(PQ) = g$

8. a) $P = 1 + 3x + 2x^2$, $Q = 1 - x + 4x^2$, $R = 1 - 2x - x^2$, $S = 1 + 5x^2$

b) $(-4|3)$, $(0|2)$

c) $\mathscr{X} = \begin{pmatrix} 3 \\ 2 \end{pmatrix} + s \begin{pmatrix} -4 \\ 2 \end{pmatrix}$; $x_1 = 3 - 4s$ und $x_2 = 2 + 2s$ gibt $x_1 + 2x_2 = 7$

($\mathscr{X} = \begin{pmatrix} -2 \\ -1 \end{pmatrix} + t \begin{pmatrix} 2 \\ 6 \end{pmatrix}$; $x_1 = -2 + 2t$ und $x_2 = -1 + 6t$ gibt $x_2 - 3x_1 = 5$)

d) $\{1 + (3 - 4s)x + (2 + 2s)x^2 \mid s \in \mathbb{R}\}$ $(\{1 + (-2 + 2t)x + (-1 + 6t)x^2 \mid t \in \mathbb{R}\})$

e) $\begin{matrix} 3 - 4s = -2 + 2t \\ 2 + 2s = -1 + 6t \end{matrix}$ bzw. $s = \frac{6}{7}$, $t = \frac{11}{14}$ gibt $(\frac{11}{7}|\frac{33}{7})$

9. a) 0 b) 1 c) $\frac{1}{4}$ d) 1

10. $(-1|\frac{3}{2})$ $((-2|\frac{5}{4}), (9|4), (-15|-2), (5|3), (-7|0), (1|2), (-3|1))$

11. $(\frac{2}{3}|-\frac{1}{3}|\frac{5}{3})$

12. a) $t_X = \frac{3}{2}$, $X \in PQ$; $t_Y = -\frac{3}{2}$, $Y \notin PQ$

b) $P(-3|1|1)$, $Q(3|4|10)$, Mitte $(0|\frac{5}{2}|\frac{11}{2})$

c) $\frac{1}{3}$

13. a) $\frac{1}{2}$ b) $\frac{4}{5}$ (2) c) $(-\frac{4}{5}|\frac{8}{5})$ $((4|4))$

14. $S \notin (PQR)$

15. (PQR): $\mathscr{X} = \begin{pmatrix} 0 \\ 4 \\ 3 \end{pmatrix} + s \begin{pmatrix} 2 \\ -4 \\ -4 \end{pmatrix} - t \begin{pmatrix} 2 \\ 4 \\ 2 \end{pmatrix}$; Punktprobe für O gibt $O \in (PQR)$.

16. 1,2-Ebene: $\mathscr{X} = \begin{pmatrix} 4 \\ 0 \\ 0 \end{pmatrix} + s \begin{pmatrix} -17 \\ 1 \\ 0 \end{pmatrix}$; 2,3-Ebene: $\mathscr{X} = \begin{pmatrix} 0 \\ 2 \\ 6 \end{pmatrix} + s \begin{pmatrix} 0 \\ 5 \\ 17 \end{pmatrix}$;

3,1-Ebene: $\mathscr{X} = \begin{pmatrix} 4 \\ 0 \\ 0 \end{pmatrix} + s \begin{pmatrix} 5 \\ 0 \\ 1 \end{pmatrix}$

17. $\mathscr{X} = \frac{1}{5} \cdot \begin{pmatrix} 6 \\ -3 \\ -7 \end{pmatrix} + s \begin{pmatrix} 2 \\ 1 \\ 0 \end{pmatrix}$

18. $(\frac{5}{2}|\frac{1}{2}|3)$

19. 1,2-Ebene: $(\frac{1}{3} \mid -\frac{20}{3} \mid 0)$; 2,3-Ebene: $(0 \mid -8 \mid -1)$; 3,1-Ebene: $(2 \mid 0 \mid 5)$

Strecke: $\{X \mid \overrightarrow{OX} = \mathfrak{x} = \frac{1}{3}\begin{pmatrix}1\\-20\\0\end{pmatrix} - \frac{1}{3}\cdot s\begin{pmatrix}1\\4\\3\end{pmatrix}$ und $0 \leqq s \leqq 1\}$

20. Schwerpunkt: $(-\frac{1}{3} \mid \frac{4}{3} \mid 1)$; $\mathfrak{x} = \begin{pmatrix}0\\0\\6\end{pmatrix} + s\begin{pmatrix}-1\\4\\-15\end{pmatrix}$

21. $\mathfrak{x} = \begin{pmatrix}2\\1\\-1\end{pmatrix} + t\begin{pmatrix}-1\\-5\\4\end{pmatrix}$

22. a) $P = 1 + 4x - x^2 + 2x^3$; $Q = 1 - 2x + x^3$; $R = 1 + 3x^2 - x^3$
b) $P_1(1 \mid 0 \mid -1)$, $Q_1(2 \mid -4 \mid 0)$

c) Parameterdarstellung: $\mathfrak{x} = \begin{pmatrix}4\\-1\\2\end{pmatrix} + s\begin{pmatrix}-6\\1\\-1\end{pmatrix} + t\begin{pmatrix}-4\\4\\-3\end{pmatrix}$

Koordinatengleichung: $x_1 - 14x_2 - 20x_3 = -22$
Punktmenge: $1 + (4 - 6s - 4t)x + (-1 + s + 4t)x^2 + (2 - s - 3t)x^3$
d) $1 - \frac{6}{37}x - \frac{172}{37}x^2 - \frac{80}{37}x^3$; $(-\frac{6}{37} \mid \frac{172}{37} \mid -\frac{80}{37})$

23. a) $\left.\begin{aligned} x_1 &= p_1 + sm_1 + tn_1 \\ x_2 &= p_2 + sm_2 + tn_2 \end{aligned}\right\}$ $s = \dfrac{(x_1 - p_1)n_2 - (x_2 - p_2)n_1}{m_1n_2 - m_2n_1}$, $t = \dfrac{(x_2 - p_2)m_1 - (x_1 - p_1)m_2}{m_1n_2 - m_2n_1}$

$x_3 = p_3 + sm_3 + tn_3$

Einsetzen der Terme für s, t in die dritte Gleichung gibt
$(x_1 - p_1)(m_2n_3 - m_3n_2) + (x_2 - p_2)(m_3n_1 - m_1n_3) + (x_3 - p_3)(m_1n_2 - m_2n_1) = 0$.
b) In der Gleichung $ax_1 + bx_2 + cx_3 + d = 0$ ist sicher eine der Zahlen a, b, c von Null verschieden. Es sei $c \neq 0$. Wähle $x_1 = s$, $x_2 = t$, so ist $x_3 = -\frac{d}{c} - \frac{a}{c}s - \frac{b}{c}t$ bzw.

$\mathfrak{x} = \begin{pmatrix}0\\0\\-d\end{pmatrix} + s\begin{pmatrix}1\\0\\\frac{-a}{c}\end{pmatrix} + t\begin{pmatrix}0\\1\\\frac{-b}{c}\end{pmatrix}$, die Gleichung einer Ebene.

24. $\overrightarrow{PQ} = (-6; 3) = -3(2; -1)$, $\overrightarrow{RS} = (2; -1)$, also $\overrightarrow{PQ} = -3\,RS$, also parallel.

25. (PQ): $\mathfrak{x} = \begin{pmatrix}1\\-1\\2\end{pmatrix} + s\begin{pmatrix}-3\\0\\1\end{pmatrix}$; (RS): $\mathfrak{x} = \begin{pmatrix}0\\4\\1\end{pmatrix} + t\begin{pmatrix}3\\0\\-1\end{pmatrix} = \begin{pmatrix}0\\4\\1\end{pmatrix} + t'\begin{pmatrix}-3\\0\\1\end{pmatrix}$

Somit ist (PQ) ∥ (RS). Da $R \notin (PQ)$ ist, ist (PQ) ∥ (RS) und $(PQ) \neq (RS)$.

26. $\mathfrak{x} = s\begin{pmatrix}-2\\-2\\0\end{pmatrix} + t\begin{pmatrix}-2\\0\\4\end{pmatrix}$, $2x_1 - 2x_2 + x_3 = 0$

27. a)

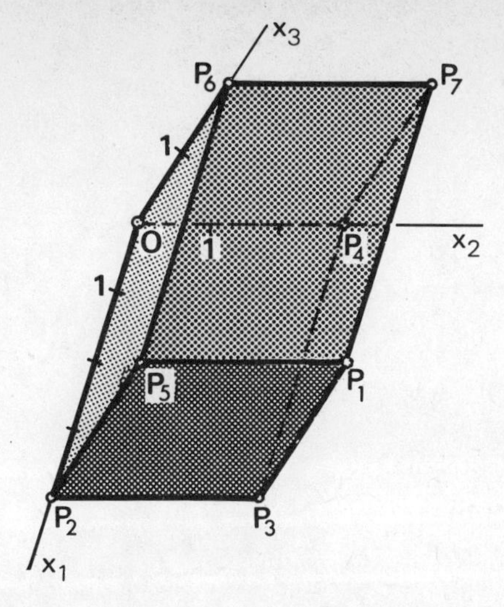

b) $P_2(4|0|0)$, $P_3(4|3|0)$, $P_4(0|3|0)$, $P_5(4|0|2)$, $P_6(0|0|2)$, $P_7(0|3|2)$, O

c) (OP_1): $\mathfrak{x} = s\begin{pmatrix}4\\3\\2\end{pmatrix}$, (P_2P_7): $\mathfrak{x} = \begin{pmatrix}4\\0\\0\end{pmatrix} + s\begin{pmatrix}-4\\3\\2\end{pmatrix}$,

(P_6P_3): $\mathfrak{x} = \begin{pmatrix}0\\0\\2\end{pmatrix} + s\begin{pmatrix}4\\3\\-2\end{pmatrix}$, (P_4P_5): $\mathfrak{x} = \begin{pmatrix}0\\3\\0\end{pmatrix} + s\begin{pmatrix}4\\-3\\2\end{pmatrix}$,

gemeinsamer Punkt $(2|\frac{3}{2}|1)$.

28. Ist P_2P_3 eine Spatkante, so geht die Gerade durch die Oberflächenpunkte des Spats: $(2|\frac{3}{2}|1)$ und $(\frac{1}{2}|\frac{13}{4}|2)$.

IV Euklidische Vektorräume

44. Einführung

1. a) 0 b) 5 c) 2 d) 1 e) 1 f) 3 g) − 1 h) 0

2. a) 22 b) 0 c) 8 d) 0 e) 38

3. a) 3 b) − 3 c) 0

4. a) $2 - 3x + x^2 = 2 + 2x - 5x + x^2 = 2(1 + x) - 5x + x^2$; $(2; -5; 1)$
$4 + x - 2x^2 = 4 + 4x - 3x - 2x^2 = 4(1 + x) - 3x - 2x^2$; $(4; -3; -2)$; 21
b) $1 - x^2 = 1 + x - x - x^2 = 1(1 + x) - x - x^2$; $(1; -1; -1)$
$\frac{1}{2}x + 3x^2 = 0(1 + x) + \frac{1}{2}x + 3x^2$; $(0; \frac{1}{2}; 3)$; $-\frac{7}{2}$

45. Skalarprodukt von Vektoren

1. a) $3\mathfrak{x}\mathfrak{y}$ b) $-\mathfrak{x}\mathfrak{y}$ c) $\mathfrak{x}\mathfrak{y}$ d) $\mathfrak{x}^2 + \mathfrak{y}^2$
e) $2\mathfrak{x}\mathfrak{y} + \mathfrak{y}^2$ f) $\mathfrak{x}^2 - \mathfrak{y}^2 - \mathfrak{z}^2 - 2\mathfrak{y}\mathfrak{z}$

2. a) $-\mathfrak{x}\mathfrak{y}$ b) $-2\mathfrak{x}\mathfrak{y} - \mathfrak{x}^2$ c) $4\mathfrak{x}^2 - \mathfrak{y}^2$ d) $\mathfrak{o}$
e) 0 f) $\mathfrak{x}\mathfrak{y} - \mathfrak{x}\mathfrak{z}$

3. a) Auflösen der Klammern (E_2, E_1) gibt $T = \mathfrak{x}^2 + \mathfrak{y}^2$. Nach E_4 ist $\mathfrak{x}^2, \mathfrak{y}^2 \geqq 0$, also $T \geqq 0$.
b) $\mathfrak{x} = \mathfrak{y} = \mathfrak{o}$

4. a) 1 b) 2 c) $\frac{1}{2}$

5. Vektoren: (a) mit $a \in \mathbb{R}$, Skalare: $x \in \mathbb{R}$
a) (V_1): $x(a) = (xa)$;
(V_2): $x[(a) + (b)] = x(a + b) = (xa + xb)$
$x(a) + x(b) = (xa) + (xb) = (xa + xb)$;
(V_3): $[x + y](a) = (xa + ya)$; $x(a) + y(a) = (xa) + (ya) = (xa + ya)$;
(V_4): $x[y(a)] = x(ya) = (xya)$; $[xy](a) = (xya)$;
(V_5): $1(a) = (1a) = (a)$. Also liegt ein Vektorraum vor. Basis ist z. B. (1), dieser Vektorraum ist also 1dimensional.
b) Da die Multiplikation reeller Zahlen kommutativ ist $(xy = yx)$, wird $(x; y)$ und $(y; x)$ dieselbe Zahl zugeordnet; also gilt (E_1).
Die Multiplikation reeller Zahlen ist distributiv über die Addition; also gilt (E_2).
Die Multiplikation reeller Zahlen ist assoziativ, also gilt $(kx)y = k(xy)$, somit gilt (E_3).
Bei reellen Zahlen ist $x^2 > 0$ für alle $x \neq 0$, und $x^2 = 0$ für $x = 0$; also gilt (E_4).
c) Schreibt man $\mathfrak{x} = x = x_1$, $\mathfrak{y} = y = y_1$, so ist $(\mathfrak{x}; \mathfrak{y}) \rightarrow x_1 y_1$, ein Sonderfall von (2).

6. a) − 6 b) 0 c) 3 d) 6 e) 0 f) 5t

7. Für $\mathfrak{x} = \begin{pmatrix}1\\2\end{pmatrix} = \mathfrak{y}$, $\mathfrak{x}\mathfrak{x} = 1 \cdot 1 - 2 \cdot 2 = -3$, d. h. E_4 ist nicht erfüllt. Diese Abbildung besitzt die Eigenschaften (E_1), (E_2), (E_3).

8. a) 10 b) − 1 c) 29 d) 0

9. a) 2 b) 0 c) 10

10. a) 9 b) 14 c) $-\frac{5}{7}$

11. $\mathfrak{x}(1; 2; -1)$, $\mathfrak{y}(3; 1; 5)$, $\mathfrak{x}\mathfrak{y} = 0$

12. z. B. $\mathfrak{x}(5; 3; 9)$, $\mathfrak{y}(4; 3; -3)$; $\mathfrak{x}\mathfrak{y} = 20 + 9 - 27 = 2$

13. z. B. $(5; -2; -2)$, $(-11; 2; 4)$; nicht eindeutig

14. a) Vektor; kollinear mit $\mathfrak{x}$ b) nicht definiert c) Zahl
d) Vektor; kollinear mit $\mathfrak{x}$ e) Zahl
f) Vektor; kollinear mit $\mathfrak{y}$ g) Zahl h) Zahl

15. a) $(\mathfrak{x}\mathfrak{y})\mathfrak{z}$ zu $\mathfrak{z}$ kollinearer Vektor, $\mathfrak{x}(\mathfrak{y}\mathfrak{z})$ zu $\mathfrak{x}$ kollinearer Vektor; nicht allgemeingültig
b) allgemeingültig
c) $\left[\begin{pmatrix}2\\3\end{pmatrix}\cdot\begin{pmatrix}5\\7\end{pmatrix}\right]^2 = 31^2 = 961,\quad \begin{pmatrix}2\\3\end{pmatrix}^2\cdot\begin{pmatrix}5\\7\end{pmatrix}^2 = 962;$ nicht allgemeingültig

16. a) $(-\mathfrak{x})(-\mathfrak{x}) \overset{E_3}{=} (-1)[\mathfrak{x}\cdot(-\mathfrak{x})] \overset{E_1}{=} (-1)[(-\mathfrak{x})\cdot\mathfrak{x}] =$
$\overset{E_3}{=} (-1)[(-1)\cdot\mathfrak{x}\mathfrak{x}] = \mathfrak{x}\mathfrak{x}$
b) $\mathfrak{x}(-\mathfrak{x}) \overset{E_1}{=} (-\mathfrak{x})\mathfrak{x} \overset{E_3}{=} (-1)[\mathfrak{x}\mathfrak{x}] = -\mathfrak{x}\mathfrak{x}$
c) Ist $\mathfrak{y} \neq \mathfrak{o}$, so ist $0\mathfrak{y} = \mathfrak{o}$. Somit $\mathfrak{x}\mathfrak{o} = \mathfrak{x}\cdot(0\mathfrak{y}) \overset{E_1}{=} (0\mathfrak{y})\mathfrak{x} \overset{E_3}{=} 0(\mathfrak{y}\mathfrak{x})$.
Da $\mathfrak{y}\mathfrak{x}$ eine reelle Zahl bezeichnet, ist $0(\mathfrak{y}\mathfrak{x}) = 0$.

17. a) I) Wegen $x_1y_1 + 2x_2y_2 = y_1x_1 + 2y_2x_2$ ist $\mathfrak{x}\mathfrak{y} = \mathfrak{y}\mathfrak{x}$; (E_1) gilt.
II) $\mathfrak{x}(\mathfrak{y}+\mathfrak{z}) = x_1(y_1+z_1) + 2x_2(y_2+z_2) = x_1y_1 + x_1z_1 + 2x_2y_2 + 2x_2z_2$ bzw.
$\mathfrak{x}\mathfrak{y}+\mathfrak{x}\mathfrak{z} = x_1y_1 + 2x_2y_2 + x_1z_1 + 2x_2z_2$; d. h. (E_2) gilt.
III) $(k\mathfrak{x})\mathfrak{y} = kx_1y_1 + 2kx_2y_2 = k(x_1y_1 + 2x_2y_2) = k(\mathfrak{x}\mathfrak{y})$; also gilt (E_3).
IV) Ist $\mathfrak{x} = (x_1; x_2) \neq \mathfrak{o}$, d. h. mindestens eine der Zahlen x_1, x_2 ist von Null verschieden. Es sei z. B. $x_1 \neq 0$. Dann ist $\mathfrak{x}\mathfrak{x} = x_1^2 + x_2^2 \geqq x_1^2 \neq 0$. Ist $\mathfrak{x} = (0; 0) = \mathfrak{o}$, so ist $\mathfrak{x}\mathfrak{x} = 0 + 0 = 0$. Also gilt (E_4).
Es ist daher eine Skalarmultiplikation erklärt.
b) Es wäre z. B. $\mathfrak{x}\mathfrak{x} = 0$ für $\mathfrak{x} = \mathfrak{o}$ nicht erfüllt.

18. a) $(0; 2; -1)(2; -1; 3) = -5$
b) Aus $\mathfrak{x} = 0\cdot(1+x) + 2\cdot x - 1\cdot x^2 = (0; 2; -1)$ und
$\mathfrak{y} = 2\cdot(1+x) - 3\cdot x + 3\cdot x^2 = (2; -3; 3)$ folgt: $\mathfrak{x}\mathfrak{y} = -9$.

19. I) $\mathfrak{x}\mathfrak{y} = x_1y_1 + x_1y_2 + x_2y_1 + 2x_2y_2$. Da die Koordinaten reelle Zahlen sind, gilt durch Vertauschen der Faktoren und der Summanden
$\mathfrak{x}\mathfrak{y} = y_1x_1 + y_1x_2 + y_2x_1 + 2y_2x_2 = \mathfrak{y}\mathfrak{x}$; also gilt (E_1).
II) $\mathfrak{x}(\mathfrak{y}+\mathfrak{z}) = x_1(y_1+z_1) + x_1(y_2+z_2) + x_2(y_1+z_1) + 2x_2(y_2+z_2)$
Auflösen der Klammern und umordnen der Summanden gibt:
$\mathfrak{x}(\mathfrak{y}+\mathfrak{z}) = [x_1y_1 + x_1y_2 + x_2y_1 + 2x_2y_2] +$
$+ [x_1z_1 + x_1z_2 + x_2z_1 + 2x_2z_2] = \mathfrak{x}\mathfrak{y} + \mathfrak{x}\mathfrak{z}$; also gilt (E_2).
III) $(k\mathfrak{x})\mathfrak{y} = (kx_1)y_1 + (kx_1)y_2 + (kx_2)y_1 + 2(kx_2)y_2$
$= k[x_1y_1 + x_1y_2 + x_2y_1 + 2x_2y_2] = k(\mathfrak{x}\mathfrak{y})$. Es gilt (E_3).
IV) $\mathfrak{x}\mathfrak{x} = x_1^2 + x_1x_2 + x_2x_1 + 2x_2^2 = x_1^2 + 2x_1x_2 + x_2^2 + x_2^2 = (x_1+x_2)^2 + x_2^2$
Ist $\mathfrak{x} = \mathfrak{o}$, also $x_1 = x_2 = 0$, so ist $\mathfrak{x}\mathfrak{x} = 0$.
$\mathfrak{x} \neq \mathfrak{o}$ a) Ist $x_1 = -x_2 \neq 0$, so gilt $\mathfrak{x}\mathfrak{x} = x_2^2 > 0$.
b) Ist $x_1 \neq 0, x_2 = 0$, so ist $\mathfrak{x}\mathfrak{x} = x_1^2 > 0$.
c) Ist $x_1 = 0, x_2 \neq 0$, so ist $\mathfrak{x}\mathfrak{x} = 2x_2^2 > 0$. Somit gilt (E_4).

20. $a_1x + a_2x^2 + a_3x^3 = s(x+x^2) + t(x-x^2) + ux^3$ oder
$(a_1 - s - t)x + (a_2 - s + t)x^2 + (a_3 - u)x^3 = 0$. Da $\mathfrak{B}$ eine Basis ist, muß gelten
$a_1 = s + t,\ a_2 = s - t,\ a_3 = u$ und damit
$\mathfrak{x}\mathfrak{y} = (s_1+t_1)(s_2+t_2) + (s_1-t_1)(s_2-t_2) + u_1u_2$. Damit gilt für $\mathfrak{x}\mathfrak{y}$ bez. der neuen Basis $\mathfrak{A}$: $\mathfrak{x}\mathfrak{y} = 2s_1s_2 + 2t_1t_2 + u_1u_2$, wenn s_i, t_i, u_i die Koordinaten bez. $\mathfrak{A}$ sind.

46. Euklidische Vektorräume

1. a) $\sqrt{10}; \sqrt{2}$; $\cos\alpha = \frac{2}{5}\sqrt{5}$; $\alpha = 26°34'$

b) $\sqrt{13}; 2\sqrt{5}$; $\cos\alpha = \frac{7}{65}\sqrt{65}$; $\alpha = 29°45'$

c) $2; 1$; $\cos\alpha = 0$; $\alpha = 90°$

d) $\sqrt{5}; \sqrt{5}$; $\cos\alpha = 0$; $\alpha = 90°$

2. a) $14; 21; \frac{4}{21}\sqrt{6}$ b) $35; 26; 0$ c) $1; 1; 0$

3. Vgl. die Lösung von § 45, Aufgabe 20.

47. Betrag eines Vektors

1. a) $\sqrt{26}$ b) $\frac{9}{2}$ c) $3\sqrt{2}$ d) $\sqrt{62}$ e) 2 f) 1 g) $\sqrt{2}$ h) 0
Einheitsvektor ist f).

2. z. B. $(1; 0; 0)$, $(0; 1; 0)$, $(0; 0; 1)$ oder $(1; 0; 0)$, $\frac{1}{2}\sqrt{2}(1; 1; 0)$, $\frac{1}{3}\sqrt{3}(1; 1; 1)$

3. $\frac{1}{13}\mathfrak{x}$, $\frac{1}{38}\sqrt{38}\,\mathfrak{y}$, $\frac{1}{4}\sqrt{17}\,\mathfrak{z}$

4. a) $\sqrt{5}$ b) $\sqrt{65}$ c) 5 d) 5

5. a) $\sqrt{17}$ b) $\sqrt{11}$ c) $\sqrt{18}$

6. Schwarz'sche Ungleichung: $|\mathfrak{x}\mathfrak{y}| \leqq 1$, Dreiecksungleichung: $|\mathfrak{x} + \mathfrak{y}| \leqq 2$

7. a) $\sqrt{x_1^2 + x_2^2 + 2x_3^2 - 2x_1x_3}$ b) $\sqrt{11}; 1$

8. a) Nach Definition ist $|\mathfrak{z}| = \sqrt{\mathfrak{z}\mathfrak{z}}$. Mit $\mathfrak{z} = k\mathfrak{x}$ ist
$\mathfrak{z}\mathfrak{z} = (k\mathfrak{x})(k\mathfrak{x}) \overset{E_3}{=} k(\mathfrak{x} \cdot k\mathfrak{x}) \overset{E_1}{=} k(k\mathfrak{x}\mathfrak{x}) = k^2(\mathfrak{x}\mathfrak{x})$, also $|\mathfrak{z}| = |k| \cdot |\mathfrak{x}|$.
b) Nach der Dreiecksungleichung gilt $|\mathfrak{z}_1 + \mathfrak{z}_2| \leqq |\mathfrak{z}_1| + |\mathfrak{z}_2|$. Mit $\mathfrak{z}_1 = k_1\mathfrak{x}$, $\mathfrak{z}_2 = k_2\mathfrak{y}$ ist $|k_1\mathfrak{x} + k_2\mathfrak{y}|. \leqq |k_1\mathfrak{x}| + |k_2\mathfrak{y}|$. Mit dem Satz in a) folgt die Behauptung.
c) Nach der Schwarz'schen Ungleichung ist $|\mathfrak{z}_1\, \mathfrak{z}_2| \leqq |\mathfrak{z}_1| \cdot |\mathfrak{z}_2|$. Mit $\mathfrak{z}_1 = k_1\mathfrak{x}$, $\mathfrak{z}_2 = k_2\mathfrak{y}$ und mit dem Satz in a) folgt die Behauptung.

48. Winkel zwischen Vektoren. Orthogonale Vektoren

1. a) $-\frac{2}{7}\sqrt{6}$; $134°24{,}5'$ b) -1; $180°$ c) 0; $90°$

d) $\frac{19}{\sqrt{29}\,\sqrt{21}}$; $39°39'$ e) 1; $0°$ f) $-\frac{1}{2\sqrt{3}}$; $106{,}78°$

2. z. B. $(\frac{1}{2}; 1; 0)$; $(4; 2; -1)$; $(7; 20; 1)$; es sind unendlich viele.

3. a) $53°58{,}5'$ b) $109°38'$ c) $90°$

4. a) $\sqrt{17} = 4{,}123$; $\sqrt{13} = 3{,}606$; $19°38'$
b) Die Winkelweite stimmt überein.

5. $0°$ $(180°)$ bzw. $180°$ $(0°)$

49. Orthonormalbasen

1. a) $|\mathfrak{x}| = |\mathfrak{y}| = \sqrt{10}$, $\mathfrak{x}\mathfrak{y} = 0$; es ist keine ON-Basis.

b) $|\mathfrak{x}| = |\mathfrak{y}| = 1$, $\mathfrak{x}\mathfrak{y} = \frac{1}{2}\sqrt{2}$; es ist keine ON-Basis.

c) $|\mathfrak{x}| = |\mathfrak{y}| = 1$, $\mathfrak{x}\mathfrak{y} = 0$; es ist eine ON-Basis.

2. a), b) Es ist $|\mathfrak{x}| = |\mathfrak{y}| = |\mathfrak{z}| = 1$; $\mathfrak{x}\mathfrak{y} = \mathfrak{y}\mathfrak{z} = \mathfrak{z}\mathfrak{x} = 0$. Damit ist es eine ON-Basis.

3. $k(2; -4)$ oder $k(-2; 4)$

4. $\cos\alpha = \frac{13}{7\sqrt{6}}$; $40°42'$

50. Vermischte Aufgaben

1. a) -10 b) 3 c) 1

2. a) -4 b) 0 c) $\frac{1}{2}$

3. a) 4 b) 3 c) 29

4. (E_1): Vertauschen der Faktoren gibt
$\mathfrak{x}\mathfrak{y} = 2y_1x_1 + y_2x_2 + y_3x_3 - y_3x_1 - y_1x_3 = \mathfrak{y}\mathfrak{x}$; also gilt (E_1).
(E_2): $\mathfrak{x}(\mathfrak{y}+\mathfrak{z}) = 2x_1(y_1+z_1) + x_2(y_2+z_2) + x_3(y_3+z_3) - x_1(y_3+z_3) -$
$- x_3(y_1+z_1) \quad = (2x_1y_1 + x_2y_2 + x_3y_3 - x_1y_3 - x_3y_1) + (2x_1z_1 + x_2z_2 + x_3z_3 -$
$- x_1z_3 - x_3z_1) \quad = \mathfrak{x}\mathfrak{y} + \mathfrak{x}\mathfrak{z}$; also gilt (E_2).
(E_3): $(k\mathfrak{x})\mathfrak{y} = 2kx_1y_1 + kx_2y_2 + kx_3y_3 - kx_1y_3 - kx_3y_1 = k(\mathfrak{x}\mathfrak{y})$;
also gilt (E_2).
(E_4): $\mathfrak{x}\mathfrak{x} = 2x_1^2 + x_2^2 + x_3^2 - 2x_1x_3$
$= x_1^2 + x_2^2 + (x_1^2 - 2x_1x_3 + x_3^2) = x_1^2 + x_2^2 + (x_1 - x_3)^2$
Diese Summe der Quadrate dreier reeller Zahlen ist stets $\geqq 0$. Es ist $\mathfrak{x}\mathfrak{x} = 0$ genau dann, wenn $x_1 = 0$, $x_2 = 0$, $x_1 = x_3$, also wenn $\mathfrak{x} = \mathfrak{o}$. Also gilt (E_4).

5. (E_1): Vertauschen der Faktoren und der mittleren Summanden gibt
$\mathfrak{x}\mathfrak{y} = y_1x_1 - y_1x_2 - y_2x_1 + 2y_2x_2 = \mathfrak{y}\mathfrak{x}$; also gilt (E_1).
(E_2): $\mathfrak{x}(\mathfrak{y}+\mathfrak{z}) = x_1(y_1+z_1) - x_1(y_2+z_2) - x_2(y_1+z_1) + 2x_2(y_2+z_2)$
$= (x_1y_1 - x_1y_2 - x_2y_1 + 2x_2y_2) + (x_1z_1 - x_1z_2 - x_2z_1 + 2x_2z_2)$
$= \mathfrak{x}\mathfrak{y} + \mathfrak{x}\mathfrak{z}$; also gilt (E_2).
(E_3): $(k\mathfrak{x})\mathfrak{y} = kx_1y_1 - kx_1y_2 - kx_2y_1 + 2kx_2y_2 = k(\mathfrak{x}\mathfrak{y})$; also gilt (E_3).
(E_4): $\mathfrak{x}\mathfrak{x} = x_1^2 - 2x_1x_2 + 2x_2^2 = (x_1 - x_2)^2 + x_2^2$
Die Summe der Quadrate zweier reeller Zahlen ist stets $\geqq 0$. Es ist $\mathfrak{x}\mathfrak{x} = 0$ genau dann, wenn $x_1 = x_2$ und $x_2 = 0$, also wenn $\mathfrak{x} = \mathfrak{o}$. Also gilt (E_4).
Es liegt eine Skalarmultiplikation vor.

6. a) Ist $\mathfrak{B} = \{\mathfrak{b}_1, \mathfrak{b}_2\}$ eine Basis des $\mathbb{R}^2$, so folgt für die Vektoren
$\mathfrak{x} = x_1\mathfrak{b}_1 + x_2\mathfrak{b}_2$, $\mathfrak{y} = y_1\mathfrak{b}_1 + y_2\mathfrak{b}_2$ als Skalarprodukt
$\mathfrak{x}\mathfrak{y} = x_1y_1\mathfrak{b}_1\mathfrak{b}_1 + (x_1y_2 + x_2y_1)\mathfrak{b}_1\mathfrak{b}_2 + x_2y_2\mathfrak{b}_2\mathfrak{b}_2$. Somit ist
$\mathfrak{x}\mathfrak{y} = x_1y_1 - x_1y_2 - x_2y_1 + 2x_2y_2$.
b) Es ist $(2;3) = \frac{5}{2}(1;1) - \frac{1}{2}(1;-1)$; $(-1;4) = \frac{3}{2}(1;1) - \frac{5}{2}(1;-1)$
$(2;3)(-1;4) = \frac{5}{2}\cdot\frac{3}{2} + \frac{5}{2}\cdot\frac{5}{2} + \frac{1}{2}\cdot\frac{3}{2} + 2\cdot\frac{1}{2}\cdot\frac{5}{2} = \frac{53}{4}$
c) $(2;3)_{\mathfrak{B}} = 2(1;1) + 3(1;-1) = (5;-1)$, $(4;1)_{\mathfrak{B}} = 4(1;1) + (1;-1) = (5;3)$.
Es ist $\mathfrak{x}\mathfrak{y} = 2\cdot 4 - 2\cdot 1 - 3\cdot 4 + 2\cdot 3\cdot 1 = 0$

7. $\mathfrak{x} = (x_1; x_2; x_3)$ habe bez. der neuen Basis $\mathfrak{B}$ die Darstellung
$\mathfrak{x} = s_1(1;0;0) + s_2(1;1;0) + s_3(1;1;1)$.
Für die Koordinaten s_1, s_2, s_3 bez. $\mathfrak{B}$ gilt daher
$x_1 = s_1 + s_2 + s_3$, $x_2 = s_2 + s_3$, $x_3 = s_3$. Somit
$x_1y_1 + x_2y_2 + x_3y_3 = (s_1 + s_2 + s_3)(t_1 + t_2 + t_3) + (s_2 + s_3)(t_2 + t_3) + s_3t_3$
$= s_1(t_1 + t_2 + t_3) + s_2(t_1 + 2t_2 + 2t_3) + s_3(t_1 + 2t_2 + 3t_3)$
Beispiel: $(2;-3;1) = (5;-4;1)_{\mathfrak{B}}$; $(4;-2;3) = (6;-5;3)_{\mathfrak{B}}$
$\mathfrak{x}\mathfrak{y} = 2\cdot 4 + 3\cdot 2 + 1\cdot 3 = 17$ bzw.
$\mathfrak{x}\mathfrak{y} = 5(6-5+3) - 4(6-10+6) + 1(6-10+9) = 17$

8. a) $|\mathfrak{x}| = \sqrt{14}$, $|\mathfrak{y}| = \sqrt{21}$
b) $\frac{1}{\sqrt{14}}(-2;1;3)$, $\frac{1}{\sqrt{14}}(2;-1;-3)$ $\left(\frac{1}{\sqrt{21}}(1;4;2), \frac{-1}{\sqrt{21}}(1;4;2)\right)$
c) 8 d) 8 e) $7\sqrt{6}$ f) $\sqrt{51}$ g) $62°13'$

9. a) $\sqrt{14}$ b) $\frac{1}{\sqrt{14}}(2-3x-x^2)$, $\frac{-1}{\sqrt{14}}(2-3x-x^2)$ c) -7

d) $\frac{-7}{\sqrt{14}\cdot\sqrt{5}}$; $(\varphi' = 33°12')\ \varphi = 146°48'$

10. a) $\frac{-\mathfrak{x}\mathfrak{x}}{|\mathfrak{x}||-\mathfrak{x}|} = -1;\ 180°$ b) $\frac{\mathfrak{x}\mathfrak{x}}{|\mathfrak{x}||\mathfrak{x}|} = 1;\ 0°$ c) $\frac{-6\,\mathfrak{x}\mathfrak{x}}{2|\mathfrak{x}|\cdot 3|\mathfrak{x}|} = -1;\ 180°$

11. Es ist $(\mathfrak{n}_1 + t\mathfrak{n}_2)\mathfrak{n}_2 = \mathfrak{n}_1\mathfrak{n}_2 + t\mathfrak{n}_2^2$; $(t^2\mathfrak{n}_1 + \mathfrak{n}_2)\mathfrak{n}_1 = t^2\mathfrak{n}_1^2 + \mathfrak{n}_1\mathfrak{n}_2$ und $(\mathfrak{n}_1 + t\mathfrak{n}_2)^2 = \mathfrak{n}_1^2 + 2t\mathfrak{n}_1\mathfrak{n}_2 + t^2\mathfrak{n}_2^2$, $|t^2\mathfrak{n}_1 + \mathfrak{n}_2|^2 = t^4\mathfrak{n}_1^2 + 2t^2\mathfrak{n}_1\mathfrak{n}_2 + \mathfrak{n}_2^2$.
Da $\mathfrak{n}_1, \mathfrak{n}_2$ Einheitsvektoren sind, ist $\mathfrak{n}_1^2 = \mathfrak{n}_2^2 = 1$. Schreibe zwecks Vereinfachung $\mathfrak{n}_1\mathfrak{n}_2 = a$. Die Forderung „Gleichheit der Winkelgrößen" besagt dann:

$$\frac{a+t}{\sqrt{1+2at+t^2}} = \frac{t^2+a}{\sqrt{t^4+2at^2+1}} \qquad (*)$$

(Beachte: 0 und 1 als Lösungszahlen für t erkennt man unmittelbar. Gibt es noch weitere Lösungszahlen?)

Umformung von (∗): $\frac{t^2+2at+a^2}{t^2+2at+1} = \frac{t^4+2at^2+a^2}{t^4+2at^2+1}$; Polynomdivision:

$$1 + \frac{a^2-1}{t^2+2at+1} = 1 + \frac{a^2-1}{t^4+2at^2+1} \Rightarrow$$

$$t^2 + 2at + 1 = t^4 + 2at^2 + 1 \Rightarrow$$

$t(t^3 - t + 2at - 2a) = 0 \Rightarrow t[t(t^2-1) + 2a(t-1)] = 0 \Rightarrow$

$t(t-1)(t^2+t+2a) = 0 \qquad t(t-1)(t+\frac{1}{2}-\sqrt{\frac{1}{4}-2a})(t+\frac{1}{2}+\sqrt{\frac{1}{4}-2a}) = 0$

Mögliche Lösungen: 0; 1; $\frac{-1}{2}+\sqrt{\frac{1}{4}-2a}$; $-\frac{1}{2}-\sqrt{\frac{1}{4}-2a}$

Probe in (∗):	linke Seite	rechte Seite	
$t_1 = 0$	a	a	; ist Lösung
$t_2 = 1$	$\frac{a+1}{\sqrt{1+2a+1}}$	$\frac{1+a}{\sqrt{1+2a+1}}$	; ist Lösung bei $a \neq -1$.

Ist $a = -1$, also $\sphericalangle\, \mathfrak{n}_1\mathfrak{n}_2 = 180°$ bzw. $\mathfrak{n}_2 = -\mathfrak{n}_1$, $\mathfrak{n}_1 + t\mathfrak{n}_2 = \mathfrak{v}$, $t^2\mathfrak{n}_1 + \mathfrak{n}_2 = \mathfrak{v}$

$t_{3,4} = -\frac{1}{2} \pm \sqrt{\frac{1}{4}-2a} = -\frac{1}{2} \pm b$

$$\frac{\mp(\frac{1}{2}-a)+b}{\sqrt{\frac{3}{2}-3a\pm(2a-1)b}} \qquad \frac{\frac{1}{2}-a\mp b}{\sqrt{\frac{3}{2}-3a\pm(2a-1)b}}$$

Diese beiden Terme sind dann gleich, wenn $a = 0$ ($\mathfrak{n}_1 \perp \mathfrak{n}_2$) oder wenn $a = -1$ (vgl. t_2) ist.

12. Mit der Schwarz'schen Ungleichung gilt $|\mathfrak{x}(\mathfrak{y}+\mathfrak{z})| \leqq |\mathfrak{x}|\cdot|\mathfrak{y}+\mathfrak{z}|$.
Wendet man auf den rechten Term die Dreiecksungleichung an, so folgt unmittelbar $|\mathfrak{x}(\mathfrak{y}+\mathfrak{z})| \leqq |\mathfrak{x}|(|\mathfrak{y}|+|\mathfrak{z}|)$.

13. a) $|\mathfrak{x}| = \sqrt{\mathfrak{x}\mathfrak{x}} = \sqrt{x_1^2+x_2^2}$

b) Darstellung von $\mathfrak{x} = (x_1; x_2)$ bez. $\mathfrak{B} = \{(1;0), (1;-1)\}$:
$\mathfrak{x} = b_1(1;0) + b_2(1;-1)$, also $x_1 = b_1 + b_2$, $x_2 = -b_2$; somit ist
$|\mathfrak{x}| = \sqrt{b_1^2 + 2b_1b_2 + 2b_2^2}$

14. Es gibt keinen Vektor $\mathfrak{x} \neq \mathfrak{o}$ mit $\mathfrak{x}\mathfrak{x} = 0$; vgl. (E_4).
In Definition 2 Seite 132 wird nicht $(\mathfrak{x} \neq 0, \mathfrak{y} \neq 0)$ vorausgesetzt. Demgemäß ist der Nullvektor zu sich und zu allen Vektoren des Vektorraumes orthogonal. (Zu sich selbst orthogonale Vektoren nennt man isotrope Vektoren.)

15. Voraussetzung: $\mathfrak{a}_1 \perp \mathfrak{a}_2$ oder $\mathfrak{a}_1 \mathfrak{a}_2 = 0$ und $\mathfrak{a}_1 \neq \mathfrak{o}$, $\mathfrak{a}_2 \neq \mathfrak{o}$.
Annahme: $\mathfrak{a}_1$ und $\mathfrak{a}_2$ seien linear abhängig, d. h. es gibt eine reelle Zahl $s \neq 0$ mit $\mathfrak{a}_2 = s\,\mathfrak{a}_1$. Dann ist $p = \mathfrak{a}_1 \mathfrak{a}_2 = \mathfrak{a}_1 s\,\mathfrak{a}_1 = s\,\mathfrak{a}_1^2$. Wegen $\mathfrak{a}_1 \neq \mathfrak{o}$, ist nach (E_4) $\mathfrak{a}_1^2 > 0$. Mit $s \neq 0$ ist somit $p \neq 0$. Aus diesem Widerspruch zur Voraussetzung folgt: $\mathfrak{a}_1$ und $\mathfrak{a}_2$ sind linear unabhängig.

16. $\mathfrak{x} \perp \mathfrak{z}$ oder $\mathfrak{z} = \mathfrak{o}$ oder $\mathfrak{x} = \mathfrak{o}$

17. a) orthogonal b) nicht orthogonal c) orthogonal

18. $(1;-1;1)$ und $(-1;1;0)$ sind nicht orthogonal; sonst orthogonal

19. jeder Vektor $(0;a)$ mit $a \in \mathbb{R}$

20. Aus $(\mathfrak{x} - \mathfrak{y})^2 = \mathfrak{x}^2 - 2\mathfrak{x}\mathfrak{y} + \mathfrak{y}^2$ folgt mit $\mathfrak{x}^2 = |\mathfrak{x}|^2$, $\mathfrak{x}\mathfrak{y} = |\mathfrak{x}|\,|\mathfrak{y}| \cos\varphi$ unmittelbar die Behauptung.
Für $\mathfrak{x} \perp \mathfrak{y}$ folgt $|\mathfrak{x} - \mathfrak{y}|^2 = |\mathfrak{x}|^2 + |\mathfrak{y}|^2$, der Satz von Pythagoras.

21. z. B.: $\{(\frac{3}{5};\frac{4}{5}), (-\frac{4}{5};\frac{3}{5})\}$ oder $\{(\frac{5}{13};\frac{12}{13}), (\frac{12}{13};-\frac{5}{13})\}$

22. a) Aus $(1;0)(1;0) = 1$ und $(0;1)(0;1) = 2$ folgt: Es liegt keine ON-Basis vor.
b) z. B. $\mathfrak{B}_1 = \{(1;0), (1;-1)\}$ oder $\mathfrak{B}_2 = \{(\sqrt{2}; -\frac{1}{2}\sqrt{2}); (0; \frac{1}{2}\sqrt{2})\}$

$\mathfrak{B}_1$: Mit $\begin{pmatrix} x_1 \\ x_2 \end{pmatrix} = s_1 \begin{pmatrix} 1 \\ 0 \end{pmatrix} + s_2 \begin{pmatrix} 1 \\ -1 \end{pmatrix}$ bzw. $\begin{matrix} x_1 = s_1 + s_2 \\ x_2 = \quad - s_2 \end{matrix}$ und $\begin{matrix} y_1 = t_1 + t_2 \\ y_2 = \quad - t_2 \end{matrix}$ ergibt sich durch Einsetzen in $\mathfrak{x}\mathfrak{y}$ die Darstellung $\mathfrak{x}\mathfrak{y} = s_1 t_1 + s_2 t_2$; wie nach Seite 134 Satz 1 zu erwarten ist.

$\mathfrak{B}_2$: Mit $\begin{pmatrix} x_1 \\ x_2 \end{pmatrix} = s_1 \begin{pmatrix} 2 \\ -\frac{1}{2}\sqrt{2} \end{pmatrix} + s_2 \begin{pmatrix} 0 \\ \frac{1}{2}\sqrt{2} \end{pmatrix}$ bzw. $\begin{matrix} x_1 = \sqrt{2}\, s_1 \\ x_2 = -\frac{1}{2}\sqrt{2}\, s_1 + \frac{1}{2}\sqrt{2}\, s_2 \end{matrix}$

folgt ebenfalls $\mathfrak{x}\mathfrak{y} = s_1 t_1 + s_2 t_2$

23. z. B. $\mathfrak{B}_1 = \{(1;0;0), (0;1;0), (0;0;0)\}$
$\mathfrak{B}_2 = \{(\frac{1}{2};\frac{1}{2};\frac{1}{2}\sqrt{2}), (\frac{1}{2};\frac{1}{2};-\frac{1}{2}\sqrt{2}), (\frac{1}{2}\sqrt{2};-\frac{1}{2}\sqrt{2};0)\}$

24. Verfahren
Gegeben: 3dimensionaler euklidischer Vektorraum $\mathfrak{W}$, Basis $\mathfrak{B} = \{\mathfrak{b}_1, \mathfrak{b}_2, \mathfrak{b}_3\}$, Skalarprodukt $\mathfrak{x}\mathfrak{y}$
Gesucht: Orthonormalbasis $\{\mathfrak{n}_1, \mathfrak{n}_2, \mathfrak{n}_3\}$
I. Berechnung von paarweise orthogonalen Basisvektoren $\mathfrak{b}'_1, \mathfrak{b}'_2, \mathfrak{b}'_3$
I. 1) Wir wählen $\mathfrak{b}'_1 = \mathfrak{b}_1$. (1)
Es erzeugt $\mathfrak{b}'_1$ denselben euklidischen Vektorraum wie $\mathfrak{b}_1$.
I. 2) Wählen wir $\mathfrak{b}'_2 = \mathfrak{b}_2 + k\,\mathfrak{b}'_1$, (2a)
so erzeugt $\{\mathfrak{b}'_1, \mathfrak{b}'_2\}$ denselben 2dimensionalen euklidischen Vektorraum wie $\{\mathfrak{b}_1, \mathfrak{b}_2\}$.
Die Forderung „$\mathfrak{b}'_2 \perp \mathfrak{b}'_1$ bzw. $\mathfrak{b}'_1 \mathfrak{b}'_2 = 0$“ besagt mit (2a)
$0 = \mathfrak{b}'_1 \mathfrak{b}_2 + k(\mathfrak{b}'_1)^2$, also $k = -\frac{1}{(\mathfrak{b}'_1)^2}\, \mathfrak{b}'_1 \mathfrak{b}_2$ (2b)
I. 3) Wählen wir $\mathfrak{b}'_3 = \mathfrak{b}_3 + k_1 \mathfrak{b}'_1 + k_2 \mathfrak{b}'_2$, (3a)
so erzeugt $\{\mathfrak{b}'_1, \mathfrak{b}'_2, \mathfrak{b}'_3\}$ denselben 3dimensionalen Vektorraum wie $\{\mathfrak{b}_1, \mathfrak{b}_2, \mathfrak{b}_3\}$, nämlich $\mathfrak{W}$.

Die Forderung „$\mathfrak{b}'_3 \perp \mathfrak{b}'_1$ und $\mathfrak{b}'_3 \perp \mathfrak{b}'_2$ bzw. $\mathfrak{b}'_1 \mathfrak{b}'_3 = 0$ und $\mathfrak{b}'_2 \mathfrak{b}'_3 = 0$“ besagt mit (3a): $0 = \mathfrak{b}'_1 \mathfrak{b}_3 + k_1(\mathfrak{b}'_1)^2 + k_2 \mathfrak{b}'_1 \mathfrak{b}'_2$ und

$0 = \mathfrak{b}'_2 \mathfrak{b}_3 + k_1 \mathfrak{b}'_1 \mathfrak{b}'_2 + k_2(\mathfrak{b}'_2)^2$. Mit $\mathfrak{b}'_1 \mathfrak{b}'_2 = 0$ ist diese Forderung äquivalent mit $k_1 = -\frac{1}{(\mathfrak{b}'_1)^2} \mathfrak{b}'_1 \mathfrak{b}_3$ und $k_2 = -\frac{1}{(\mathfrak{b}'_2)^2} \mathfrak{b}'_2 \mathfrak{b}_3$ (3b)

II. Normierung der orthogonalen Basisvektoren auf Einheitsvektoren

$$\mathfrak{n}_1 = \frac{1}{|\mathfrak{b}'_1|} \mathfrak{b}'_1, \quad \mathfrak{n}_2 = \frac{1}{|\mathfrak{b}'_2|} \mathfrak{b}'_2, \quad \mathfrak{n}_3 = \frac{1}{|\mathfrak{b}'_3|} \mathfrak{b}'_3$$

Beispiel

Gegeben: $\mathfrak{V} = \mathbb{R}^3$; $\mathfrak{B}$ mit $\mathfrak{b}_1 = (1; -1; 0)$, $\mathfrak{b}_2 = (2; 1; 0)$, $\mathfrak{b}_3 = (0; 0; 1)$;

$\mathfrak{x}\mathfrak{y} = x_1 y_1 + x_2 y_2 + 2x_3 y_3 - x_1 y_3 - x_3 y_1$ (vgl. Seite 130, Aufgabe 7)

I. 1) $\mathfrak{b}'_1 = (1; -1; 0)$; $(\mathfrak{b}'_1)^2 = 2$; $|\mathfrak{b}'_1| = \sqrt{2}$

I. 2) $k = -\frac{1}{2} \cdot 1 = -\frac{1}{2}$

$\mathfrak{b}'_2 = (2; 1; 0) - \frac{1}{2}(1; -1; 0) = (\frac{3}{2}; \frac{3}{2}; 0)$; $(\mathfrak{b}'_2)^2 = \frac{9}{2}$; $|\mathfrak{b}'_2| = \frac{3}{2}\sqrt{2}$

I. 3) $k_1 = -\frac{1}{2} \cdot (-1) = \frac{1}{2}$; $k_2 = -\frac{2}{9} \cdot (-\frac{3}{2}) = \frac{1}{3}$;

$\mathfrak{b}'_3 = (0; 0; 1) + \frac{1}{2}(1; -1; 0) + \frac{1}{3}(\frac{3}{2}; \frac{3}{2}; 0) = (1; 0; 1)$; $|\mathfrak{b}'_3| = 1$

II. $\mathfrak{n}_1 = (\frac{1}{2}\sqrt{2}; -\frac{1}{2}\sqrt{2}; 0)$; $\mathfrak{n}_2 = (\frac{1}{2}\sqrt{2}; \frac{1}{2}\sqrt{2}; 0)$; $\mathfrak{n}_3 = (1; 0; 1)$

V Analytische Geometrie 2 (Euklidische Geometrie)

52. Abstand von Punkten

1. a) 5 b) $\frac{1}{4}\sqrt{613}$ c) $\frac{1}{12}\sqrt{865}$ d) $\sqrt{17}$ e) $\frac{1}{4}\sqrt{173}$ f) $\sqrt{2}$

2. a) $\overline{PQ} = \sqrt{13}$, $\overline{QR} = \sqrt{5}$, $\overline{RP} = 4$ b) $\overline{PQ} = 5$, $\overline{QR} = 10$, $\overline{RP} = 5\sqrt{5}$
c) $\overline{PQ} = \sqrt{2}$, $\overline{QR} = 1$, $\overline{RP} = 1$
d) $\overline{PQ} = \frac{1}{2}\sqrt{17}$, $\overline{QR} = \frac{1}{4}\sqrt{445}$, $\overline{RP} = \frac{1}{4}\sqrt{265}$

3. $\overline{MP} = 5$, $\overline{MQ} = 5$, $\overline{MR} = 5$

4. $\frac{1}{2}\sqrt{94}$ $(\frac{1}{2}\sqrt{46})$

5. $M_{PQ} = (3|2|3)$, $M_{QR} = (0|1|3)$, $M_{RP} = (1|0|2)$
$\overline{PQ} = 2\sqrt{3}$, $\overline{QR} = 6$, $\overline{RP} = 2\sqrt{10}$, $\overline{M_{QR}M_{RP}} = \sqrt{3}$, $\overline{M_{RP}M_{PQ}} = 3$, $\overline{M_{PQ}M_{QR}} = \sqrt{10}$

6. $M_{PQ} = (1|\frac{7}{2}|\frac{3}{2})$, $S = (0|\frac{7}{3}|\frac{2}{3})$, $\overline{RS} = \frac{1}{3}\sqrt{110}$, $RM_{PQ} = \frac{1}{2}\sqrt{110}$

7. Schnittpunkt $(-4|3)$; Abstand 5

8. Schnittpunkt $(\frac{30}{23}|\frac{30}{23}|\frac{26}{23})$; Abstand $\frac{16}{23}\sqrt{51}$

9. $R(\frac{5}{2}|\frac{9}{4}|0)$, $S(0|\frac{13}{3}|\frac{5}{3})$, $\frac{5}{12}\sqrt{77}$

10. $\sqrt{6}$

11. a) $\sqrt{10}$ b) $3\sqrt{2}$ c) $\frac{1}{4}\sqrt{265}$

12. Es sei $\mathfrak{V}$ ein euklidischer Vektorraum. Den Vektoren $\mathfrak{x}, \mathfrak{y}$ sei dabei die Zahl $\mathfrak{x}\mathfrak{y}$ als Skalarprodukt zugeordnet. Für $\mathfrak{x}\mathfrak{y}$ gelten die Eigenschaften (E_1) bis (E_4) von Seite 121.
Wir fassen die Elemente von $\mathfrak{V}$ zugleich als Punkte auf.
I. Dem geordneten Paar $(P; Q) = (\mathfrak{p}; \mathfrak{q})$ von Punkten ordnen wir den Vektor $\overrightarrow{PQ} = \mathfrak{q} - \mathfrak{p}$ zu. Da es zu $\mathfrak{p}, \mathfrak{q}$ genau einen Vektor $\mathfrak{q} - \mathfrak{p}$ gibt, ist die Zuordnung eindeutig. Also gilt Axiom A_1 von Seite 78.
II. Ist $P = \mathfrak{p}$ ein Punkt und $\mathfrak{v}$ ein Vektor, so gibt es einen Punkt $Q = \mathfrak{p} + \mathfrak{v}$. Es gilt $\overrightarrow{PQ} = \mathfrak{p} + \mathfrak{v} - \mathfrak{p}$, also $\overrightarrow{PQ} = \mathfrak{v}$. Da die Vektoraddition eindeutig ist, ist Q eindeutig bestimmt. Somit gilt Axiom A_2.
III. Wir betrachten drei beliebige Punkte $P = \mathfrak{p}$, $Q = \mathfrak{q}$, $R = \mathfrak{r}$. Dann ist $\overrightarrow{PQ} = \mathfrak{q} - \mathfrak{p}$, $\overrightarrow{QR} = \mathfrak{r} - \mathfrak{q}$, $\overrightarrow{PR} = \mathfrak{r} - \mathfrak{p}$. Vektoraddition gibt $\overrightarrow{PQ} + \overrightarrow{QR} = (\mathfrak{q} - \mathfrak{p}) + (\mathfrak{r} - \mathfrak{q}) = \mathfrak{r} - \mathfrak{p}$. Also gilt Axiom A_3.
Aus der Gültigkeit von A_1, A_2, A_3 und (E_1) bis (E_4) folgt: Es liegt ein euklidischer Punktraum mit $\mathfrak{V}$ als zugehörigem Vektorraum vor.

13. a) Eichkurve ist der Kreis um 0^* mit Radius $r = 1$.
b) Eichkurve ist eine Ellipse. Der Punkt $(0|2)$ hat wie $(1|0)$ von 0^* den Abstand 1.

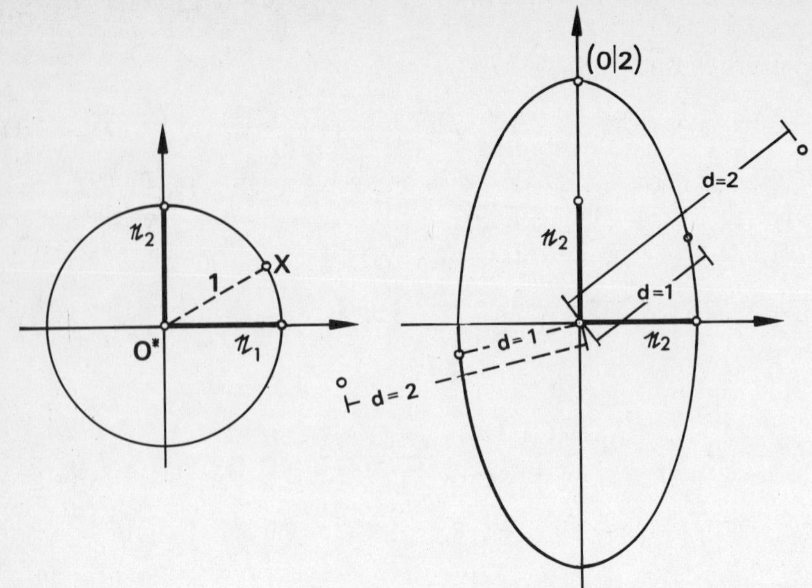

53. Orthogonale Geraden

1. a) $\frac{1}{3}$ b) $-\frac{3}{2}$ c) 0 d) -2 e) -5

2. a) $\begin{pmatrix} 1 \\ 3 \end{pmatrix}$ b) $\begin{pmatrix} -2 \\ 1 \end{pmatrix}$ c) $\begin{pmatrix} 5 \\ 0 \end{pmatrix}$ d) $\begin{pmatrix} 1 \\ \sqrt{2} \end{pmatrix}$ e) $\begin{pmatrix} 1 \\ m \end{pmatrix}$

3. a) -10 b) $\frac{4}{15}(\sqrt{2} - 2)$ c) $-\frac{1}{3}$ d) $-\frac{19}{22}$

4. a) -3 b) -1 c) -2 d) $\frac{3}{2}$ e) $-\frac{5}{3}$
f) $\frac{-3}{1 + \sqrt{2}} = 3(1 - \sqrt{2})$

5. $\frac{1}{2}$; $-\frac{3}{2}$; 0; $-\frac{1}{3}$

6.

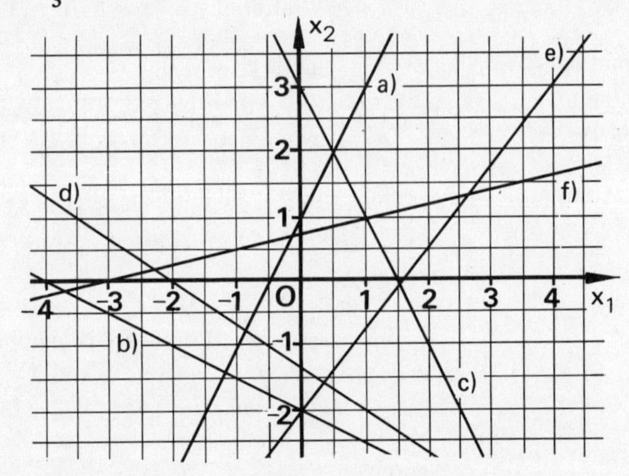

7.

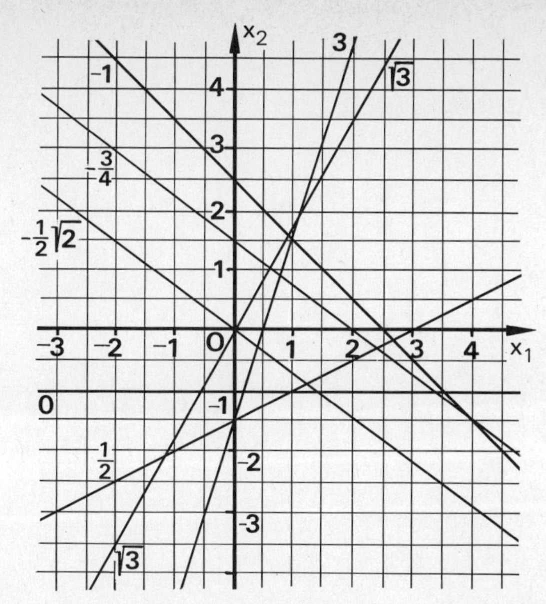

8. a) $y = x + 6$ b) $y = -2x + \frac{4}{3}$ c) $y = -\frac{2}{3}x - 3$
d) $y = -\frac{1}{2}x$ e) $y = \frac{2}{5}x + \sqrt{2}$ f) $y = cx - ca + b$

9. (PQ): $y = 2x + 4$; (QR): $y = -2x + 4$; (RP): $y = -x + 1$

10. a) $y = -\frac{1}{2}x + \frac{3}{4}$ b) $y = -5x + 13$ c) $y = -\frac{5}{36}x + \frac{1}{18}$
d) $y = 3$ und x beliebig ($x = 2$ und y beliebig) e) $y = -\frac{11}{12}x + \frac{29}{6}$

11. $S(\frac{21}{17} | \frac{8}{17})$, $\overline{SP} = \frac{9}{17}\sqrt{65}$, $\overline{SQ} = \frac{1}{34}\sqrt{65}$, $\overline{SR} = \frac{21}{17}\sqrt{5}$, $\overline{SO} = \frac{1}{17}\sqrt{505}$

12. a) $x_2 = 1{,}20x_1 + 3{,}50$, Preis: Steigung der Kosten-Gerade
b) $x_2 = 1{,}20(x_1 - 42) + 3{,}50$ bzw. $x_2 = 1{,}20x_1 - 46{,}9$

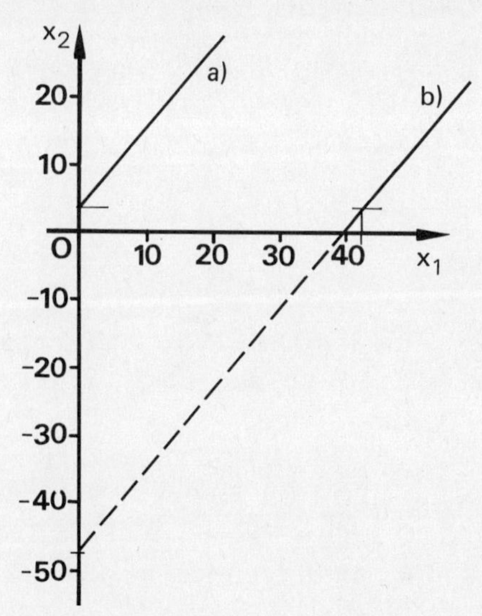

13. a) $\mathfrak{x} = \begin{pmatrix}2\\1\end{pmatrix} + t\begin{pmatrix}-3\\4\end{pmatrix}$ b) $\mathfrak{x} = t\begin{pmatrix}3\\2\end{pmatrix}$ c) $x_2 = \frac{1}{2}x_1 + 3$

d) $x_2 = 5$ und x_1 beliebig

14. $\mathfrak{x} = \begin{pmatrix}3\\4\end{pmatrix} + t\begin{pmatrix}2\\3\end{pmatrix}$; $x_2 = \frac{3}{2}x_1 - \frac{1}{2}$

15. Senkrechte: $\mathfrak{x} = \begin{pmatrix}2\\1\end{pmatrix} + s\begin{pmatrix}-4\\1\end{pmatrix}$; $(\frac{46}{17} | \frac{14}{17})$ $(x_2 = 2x_1 - 3;\ (2|1))$

16. $h_P = 4$, $h_Q = 2\sqrt{5}$, $h_R = 4$

17. $\frac{2}{5}\sqrt{10}$

18. $m_{PQ} = \frac{2}{5}$, $m_{QR} = -\frac{5}{2}$, $PQ \perp QR$

19. z. B. $\mathfrak{x} = \begin{pmatrix}4\\-1\\3\end{pmatrix} + t\begin{pmatrix}1\\2\\1\end{pmatrix}$; $\mathfrak{x} = \begin{pmatrix}4\\-1\\3\end{pmatrix} + t\begin{pmatrix}1\\-1\\-1\end{pmatrix}$

20. $\overrightarrow{PQ} = \begin{pmatrix}0\\3\\-1\end{pmatrix}$; nicht orthogonal

21. $g_1: \mathfrak{x} = s\begin{pmatrix}-1\\2\\1\end{pmatrix}$; $g_2: \mathfrak{x} = s\begin{pmatrix}-3\\-2\\1\end{pmatrix}$

22. (PQ): $\mathfrak{x} = \begin{pmatrix}2\\0\\0\end{pmatrix} + u\begin{pmatrix}-2\\6\\0\end{pmatrix}$; Ebene durch R und orthogonal zu PQ:

$\mathfrak{x} = \begin{pmatrix}0\\0\\4\end{pmatrix} + s\begin{pmatrix}3\\1\\0\end{pmatrix} + t\begin{pmatrix}0\\0\\1\end{pmatrix}$, Schnittpunkt $S(\frac{9}{5} | \frac{3}{5} | 0)$; $\overline{RS} = \frac{7}{5}\sqrt{10}$

23. Voraussetzung: (a) $\mathfrak{m}_1 \neq \mathfrak{o}$, $\mathfrak{m}_2 \neq \mathfrak{o}$, $\mathfrak{m}_3 \neq \mathfrak{o}$
(b) $\mathfrak{m}_1\mathfrak{m}_2 = \mathfrak{m}_2\mathfrak{m}_3 = \mathfrak{m}_3\mathfrak{m}_1 = 0$
Ansatz: (c) $s\mathfrak{m}_1 + t\mathfrak{m}_2 + u\mathfrak{m}_3 = \mathfrak{o}$ mit $s, t, u \in \mathbb{R}$
Multiplikation dieser Vektorgleichung mit $\mathfrak{m}_1$ bzw. mit $\mathfrak{m}_2$ bzw. $\mathfrak{m}_3$ gibt mit (b) $s\mathfrak{m}_1^2 = 0$, $t\mathfrak{m}_2^2 = 0$, $u\mathfrak{m}_3^2 = 0$. Wegen (a) ist $s = t = u = 0$. Damit folgt aus (c): $\mathfrak{m}_1$, $\mathfrak{m}_2$, $\mathfrak{m}_3$ sind linear unabhängig.

54. Orthogonalität am Dreieck

1. $\overrightarrow{RP} = \overrightarrow{RM} + \overrightarrow{MP}$ und $\overrightarrow{RQ} = \overrightarrow{RM} + \overrightarrow{MQ}$ mit $\overrightarrow{MQ} = -\overrightarrow{MP}$ gibt mit quadrieren, gleichsetzen und vereinfachen $4\overrightarrow{RM} \cdot \overrightarrow{MP} = 0$, also $RM \perp MP$.
2. Voraussetzung: I) $H \in PQ$ oder $\sphericalangle(PH, PQ) = 0$, also $\overrightarrow{PH} \cdot \overrightarrow{PQ} = \overline{PH} \cdot \overline{PQ}$
II) $HR \perp PQ$ bzw. $\overrightarrow{HR} \cdot \overrightarrow{PQ} = 0$, III) $PR \perp QR$ bzw. $\overrightarrow{PR} \cdot \overrightarrow{QR} = 0$
Mit $\overrightarrow{PR} = \overrightarrow{PH} + \overrightarrow{HR}$ und $\overrightarrow{PR} = \overrightarrow{PQ} + \overrightarrow{QR}$ folgt durch Multiplikation
$\overrightarrow{PR} \cdot \overrightarrow{PR} = \overrightarrow{PH} \cdot \overrightarrow{PQ} + \overrightarrow{HR} \cdot \overrightarrow{PQ} + (\overrightarrow{PH} + \overrightarrow{HR})\overrightarrow{QR}$. Mit I und II folgt
$\overrightarrow{PR} \cdot \overrightarrow{PR} = \overrightarrow{PH} \cdot \overrightarrow{PQ} + \overrightarrow{PR} \cdot \overrightarrow{QR}$. Mit III gilt schließlich $\overline{PR}^2 = \overline{PH} \cdot \overline{PQ}$.

3. Voraussetzung: I) $H \in PQ$ oder $\sphericalangle(\overrightarrow{HQ}, \overrightarrow{HP}) = \pi$, also $\overrightarrow{HQ} \cdot \overrightarrow{HP} = -\overline{HQ} \cdot \overline{HP}$
II) $RP \perp RQ$ bzw. $\overrightarrow{RP} \cdot \overrightarrow{RQ} = 0$
III) $RH \perp PQ$ bzw. $\overrightarrow{RH} \cdot \overrightarrow{HP} = \overrightarrow{RH} \cdot \overrightarrow{HQ} = 0$
Mit $\overrightarrow{RP} = \overrightarrow{RH} + \overrightarrow{HP}$ und $\overrightarrow{RQ} = \overrightarrow{RH} + \overrightarrow{HQ}$ folgt durch Multiplikation
$\overrightarrow{RP} \cdot \overrightarrow{RQ} = \overrightarrow{RH}^2 + \overrightarrow{RH} \cdot \overrightarrow{HQ} + \overrightarrow{HP} \cdot \overrightarrow{RH} + \overrightarrow{HP} \cdot \overrightarrow{HQ}$. Mit I, II, und III gilt somit
$0 = \overrightarrow{RH}^2 - \overrightarrow{HP} \cdot \overrightarrow{HQ}$ bzw. $\overline{RH}^2 = \overline{HP} \cdot \overline{HQ}$

4. a) Es ist $\overrightarrow{QS} = \overrightarrow{PS} - \overrightarrow{PQ}$, $\overrightarrow{RS} = \overrightarrow{PS} - \overrightarrow{PR}$, $\overrightarrow{QR} = \overrightarrow{PR} - \overrightarrow{PQ}$
Voraussetzung: $PR \perp QS$ bzw. $\overrightarrow{PR} \cdot \overrightarrow{QS} = 0$, also $\overrightarrow{PR} \cdot \overrightarrow{PS} - \overrightarrow{PR} \cdot \overrightarrow{PQ} = 0$
$PQ \perp RS$ bzw. $\overrightarrow{PQ} \cdot \overrightarrow{RS} = 0$, also $\overrightarrow{PQ} \cdot \overrightarrow{PS} - \overrightarrow{PR} \cdot \overrightarrow{PQ} = 0$
Subtraktion der beiden Gleichungen gibt: $\overrightarrow{PR} \cdot \overrightarrow{PS} - \overrightarrow{PQ} \cdot \overrightarrow{PS} = 0$ (∗)
Das dritte Paar von Gegenkanten ist QR und PS. Betrachte dafür
$\overrightarrow{QR} \cdot \overrightarrow{PS} = \overrightarrow{PR} \cdot \overrightarrow{PS} - \overrightarrow{PQ} \cdot \overrightarrow{PS}$. Mit (∗) folgt: $\overrightarrow{QR} \cdot \overrightarrow{PS} = 0$.
Bestimmen P, Q, R, S ein Vierflach, dann ist $\overrightarrow{QR} \neq \mathfrak{o}$, $\overrightarrow{PS} \neq \mathfrak{o}$. Somit muß $QR \perp PS$ sein.
b) Ist PQR ein Dreieck, dann ist $\overrightarrow{QR} \neq \mathfrak{o}$.
I) Wählt man S in der Ebene (PQR) so, daß S auf keiner Seite des Dreiecks liegt, so ist $\overrightarrow{PS} \neq \mathfrak{o}$, $\overrightarrow{QS} \neq \mathfrak{o}$, $\overrightarrow{RS} \neq \mathfrak{o}$. Der Beweis bleibt dann gültig: Satz vom Schnittpunkt der Höhen eines Dreiecks.
II) Ist $S = P$, so besagt die Voraussetzung: Das Dreieck ist bei P rechtwinklig und P ist der Höhenschnittpunkt.
III) Ist $S \neq P$, $S \neq R$ und $S \in PQ$, so verlangt die Voraussetzung: QS und QP sind zu PR senkrecht, somit $QS \parallel QP$. Es liegt kein Dreieck PQR vor. Vgl. Figur.
c) Siehe b) I.

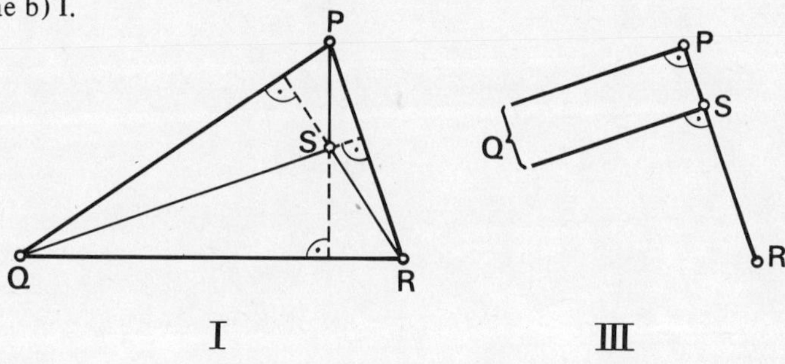

5. Voraussetzung: I) Ist M Mitte von PQ, so gilt $|\overrightarrow{PM}| = |\overrightarrow{QM}|$ bzw. $\overrightarrow{PM}^2 = \overrightarrow{QM}^2$.
II) Ist S ein Punkt der Mittelsenkrechten, so gilt $PM \perp MS$ und $QM \perp MS$ bzw. $\overrightarrow{PM} \cdot \overrightarrow{MS} = 0$ und $\overrightarrow{QM} \cdot \overrightarrow{MS} = 0$.
Nun ist $\overrightarrow{PS} = \overrightarrow{PM} + \overrightarrow{MS}$ und $\overrightarrow{QS} = \overrightarrow{QM} + \overrightarrow{MS}$. Quadrieren gibt
$\overrightarrow{PS}^2 = \overrightarrow{PM}^2 + 2\overrightarrow{PM} \cdot \overrightarrow{MS} + \overrightarrow{MS}^2$, $\overrightarrow{QS}^2 = \overrightarrow{QM}^2 + 2\overrightarrow{QM} \cdot \overrightarrow{MS} + \overrightarrow{MS}^2$ (∗).
Mit I und II folgt $\overrightarrow{PS}^2 = \overrightarrow{QS}^2$, also $|\overrightarrow{PS}| = |\overrightarrow{QS}|$.
Umkehrung: Ist $|\overrightarrow{PS}| = |\overrightarrow{QS}|$, so folgt aus (∗) mit I: $\overrightarrow{PM} \cdot \overrightarrow{MS} = \overrightarrow{QM} \cdot \overrightarrow{MS}$ bzw.
$(\overrightarrow{PM} + \overrightarrow{MQ})\overrightarrow{MS} = 0$ bzw. $\overrightarrow{PM} \cdot \overrightarrow{MS} = 0$ oder $PM \perp QS$.

6. Im Dreieck PQR sei S der Schnittpunkt der Mittelsenkrechten s_{PQ} und s_{QR}. Dann ist nach Aufgabe 5 $|\overrightarrow{PS}| = |\overrightarrow{QS}|$ und $|\overrightarrow{QS}| = |\overrightarrow{RS}|$. Somit gilt auch $|\overrightarrow{PS}| = |\overrightarrow{RS}|$. Aus der Umkehrung in Aufgabe 5 folgt: $S \in s_{PR}$.

7. a) Mittelpunkt $M_{PQ} = 1 + x + \frac{3}{4}x^2$; $\overrightarrow{RM} = (2; -\frac{1}{4})$; $\overrightarrow{PM} = (1; \frac{7}{4})$;
$|\overrightarrow{RM}| = |\overrightarrow{PM}| = \frac{1}{4}\sqrt{65}$; $\overrightarrow{RP} = (1; \frac{3}{2})$; $\overrightarrow{RQ} = (3; -2)$; $\overrightarrow{RP} \cdot \overrightarrow{RQ} = 1 \cdot 3 - \frac{3}{2} \cdot 2 = 0$.
b) $\overrightarrow{P_2H} = (3; 1)$, $\overrightarrow{Q_2H} = (-3; 3)$, $\overrightarrow{R_2H} = (-1; -3)$
$\overrightarrow{QR_2} = (-2; 6)$, $\overrightarrow{P_2R_2} = (4; 4)$, $\overrightarrow{P_2Q_2} = (6; -2)$
$\overrightarrow{P_2H} \cdot \overrightarrow{QR_2} = 0$, $\overrightarrow{Q_2H} \cdot \overrightarrow{P_2R_2} = 0$, $\overrightarrow{R_2H} \cdot \overrightarrow{P_2Q_2} = 0$; H ist Höhenschnittpunkt.

55. Normalenform der Gleichung von Gerade und Ebene

1. a) $4x_1 - x_2 + 2x_3 = 15$ b) $2x_1 + x_2 = -4$ c) $x_2 + x_3 = 2$
d) $2x_1 - 3x_2 = 4$ e) $4x_1 - 4x_2 = -3$ f) $10x_1 - x_2 = 34$
2. Ebene: $x_1 - 2x_2 - x_3 = -7$; P_1, P_2 liegen auf der Ebene.
3. $3x_1 - 2x_2 = 5$, $(\frac{17}{13} | -\frac{7}{13})$
4. $5x_1 + x_2 = 11$
5. $4x_1 - 6x_2 + 4x_3 = 9$
6. $2x_1 - 3x_2 + 4x_3 = 13$
7. $\mathfrak{x} = \begin{pmatrix} 0 \\ -3 \\ 4 \end{pmatrix} + t \begin{pmatrix} 2 \\ -1 \\ 3 \end{pmatrix}$; $(-2|-2|1)$
8. $\mathfrak{n}$ sei ein Normalenvektor, also $\mathfrak{n} \perp \mathfrak{u}$ und $\mathfrak{n} \perp \mathfrak{v}$ bzw. $\mathfrak{n}\mathfrak{u} = 0$ und $\mathfrak{n}\mathfrak{v} = 0$.
Aus $\mathfrak{x}\mathfrak{n} = \mathfrak{y}\mathfrak{n} + t\,\mathfrak{n}\mathfrak{u} + s\,\mathfrak{n}\mathfrak{v}$ erhält man daher $\mathfrak{x}\mathfrak{n} - \mathfrak{y}\mathfrak{n} = 0$ also
$(\mathfrak{x} - \mathfrak{y})\mathfrak{n} = 0$.
9. a) $\frac{3}{5}x_1 + \frac{4}{5}x_2 - \frac{1}{5} = 0$ b) $\frac{1}{\sqrt{5}}x_1 + \frac{2}{\sqrt{5}}x_2 - \frac{5}{\sqrt{5}} = 0$
c) $\frac{2}{\sqrt{13}}x_1 - \frac{3}{\sqrt{13}}x_2 + \frac{1}{\sqrt{13}} = 0$ d) $\frac{5x_1 - 3x_2 + 1}{\sqrt{34}} = 0$
e) $\frac{3x_1 + 2x_2 + 1}{\sqrt{13}} = 0$ f) $x_2 = 0$
10. a) $\frac{2}{3}x_1 - \frac{1}{3}x_2 + \frac{2}{3}x_3 - 1 = 0$ b) $\frac{x_1 + x_2 + x_3}{\sqrt{3}} = 0$
c) $\frac{x_1 - 3x_2 + 2x_3 - 2}{\sqrt{14}} = 0$ d) $\frac{7x_1 + x_2 - 5x_3 + 3}{5\sqrt{3}} = 0$
e) $\frac{20x_1 - 12x_2 + 13x_3 - 17}{\sqrt{713}} = 0$
11. a) $\frac{x_1 - x_2 - 1}{\sqrt{2}} = 0$ b) $\frac{6x_1 + 5x_2 + 13}{\sqrt{61}} = 0$ c) $\frac{4x_1 - 3x_2}{5} = 0$
12. $\frac{15x_1 + 4x_2 + 11x_3 - 41}{\sqrt{362}} = 0$
13. $h_R = 2{,}2\sqrt{10}$, $h_P = \frac{22}{13}\sqrt{13}$, $h_Q = \frac{22}{17}\sqrt{17}$, $U = 2(\sqrt{10} + \sqrt{13} + \sqrt{17}) \approx 21{,}78$
14. a) 1 b) 2 c) 0 d) 2
15. a) Normalenvektoren $\mathfrak{n}_1 = (2; -i)$, $\mathfrak{n}_2 = (4; -2) = -2\mathfrak{n}_1$; somit $g_1 \parallel g_2$.
b) $0{,}1\sqrt{5}$
16. a) $\mathfrak{n}_1 = (2; 1; -3)$, $\mathfrak{n}_2 = (4; 2; -6) = 2\mathfrak{n}_1$ b) $\frac{1}{28}\sqrt{14}$

17. a) $h_S = 3,\ h_P = \frac{21}{\sqrt{59}},\ h_Q = 3,\ h_R = \frac{21}{\sqrt{17}}$

18. a) Es sei I) $\overrightarrow{PF} = s\mathfrak{m},\ \overrightarrow{FF^*} = d\mathfrak{n}_0,\ \overrightarrow{F^*P^*} = t\mathfrak{m}^*.$
II) $\mathfrak{m}\mathfrak{n}_0 = 0,\ \mathfrak{m}^*\mathfrak{n}_0 = 0,\ \mathfrak{n}_0\mathfrak{n}_0 = 1$
Nach Fig. 154.2 ist $\mathfrak{q} + s\mathfrak{m} + d\mathfrak{n}_0 + t\mathfrak{m}^* - \mathfrak{q}^* = \mathfrak{o}$ (III).
Multiplikation mit $\mathfrak{n}_0$ gibt $\mathfrak{q}\mathfrak{n}_0 + s\mathfrak{m}\mathfrak{n}_0 + (d\mathfrak{n}_0)\mathfrak{n}_0 + t\mathfrak{m}^*\mathfrak{n}_0 - \mathfrak{q}^*\mathfrak{n}_0 = 0.$
Mit II folgt $d = \mathfrak{q}^*\mathfrak{n}_0 - \mathfrak{q}\mathfrak{n}_0$ bzw. $d = (\mathfrak{q}^* - \mathfrak{q})\mathfrak{n}_0$.

Beispiel: Setze $\mathfrak{n}_0 = (n_1; n_2; n_3)$ mit $\sqrt{n_1^2 + n_2^2 + n_3^2} = 1$. Dann ist

$$\begin{matrix}\mathfrak{m}\mathfrak{n}_0 = 0 \\ \mathfrak{m}^*\mathfrak{n}_0 = 0\end{matrix} \text{ bzw. } \begin{matrix}2n_1 + n_2 - 2n_3 = 0 \\ 2n_1 - n_2 - 2n_3 = 0\end{matrix} \Rightarrow \begin{matrix}n_1 = n_3 \\ n_2 = 0\end{matrix} \text{ also } \sqrt{2n_1^2} = 1 \text{ bzw.}$$

$n_1 = n_3 = \frac{1}{\sqrt{2}}$.

$$\text{Somit } d = \left|\begin{pmatrix}3\\0\\-5\end{pmatrix}\begin{pmatrix}\frac{1}{\sqrt{2}}\\0\\\frac{1}{\sqrt{2}}\end{pmatrix}\right| = \sqrt{2}.$$

b) Multiplikation von III mit $\mathfrak{m}$ bzw. mit $\mathfrak{m}^*$ ergibt mit II und mit $\mathfrak{q}\mathfrak{m} = -6$, $\mathfrak{q}\mathfrak{m}^* = -6$, $\mathfrak{q}^*\mathfrak{m} = 10$, $\mathfrak{q}^*\mathfrak{m}^* = 10$, $\mathfrak{m}^2 = 9$, $\mathfrak{m}^{*2} = 9$, $\mathfrak{m}\mathfrak{m}^* = 7$ das LGS: $-6 + 9s + 7t - 10 = 0$ und $-6 + 7s + 9t - 10 = 0$ bzw. $s = t = 1$.
Somit ist $\overrightarrow{OF} = \mathfrak{q} + \mathfrak{m},\ \overrightarrow{OF^*} = \mathfrak{q}^* - \mathfrak{m}^*$.
Ergebnis: $F(3|1|2),\ F^*(2|1|1)$.

56. Winkel

1. a) $0; 90°$ b) $-\frac{3}{14}\sqrt{7}; 124°32'$
2. $0{,}8; 36°52'$
3. $-0{,}2\sqrt{5}; 116°34'$
4. $\mathfrak{m}_1 = (1; -1),\ \mathfrak{m}_2 = (1; 2),\ -0{,}1\sqrt{10}; 108°26'$
5. Für die Halbgeraden g_1', g_2', h' mit $t, s, r \in \mathbb{R}_0^+$ (oder $t, s, r \in \mathbb{R}^-$) ist
$\cos\sphericalangle g_1'h' = \frac{\mathfrak{m}\mathfrak{m}^*}{|\mathfrak{m}||\mathfrak{m}^*|} = \cos\sphericalangle g_2'h'$, also $\sphericalangle g_1'h' = \sphericalangle g_2'h'$ Stufenwinkel (Wechselwinkel).
6. Ist γ' der Außenwinkel bei C, so ist $\gamma' = \pi - \gamma$, also $\gamma' = \alpha + \beta$.
7. I) [sss] Es sei $a = a_1,\ b = b_1,\ c = c_1$.
II) Ist $a = b = c$, so folgt mit dem Kosinussatz $\cos\alpha = \cos\beta = \cos\gamma = \frac{1}{2}$, also $\alpha = \beta = \gamma = 60°$. Aus der Gleichseitigkeit folgt die Gleichwinkligkeit.
2) Ist $a = b$, so gilt mit der Dreiecksungleichung $a + b > c$ und mit dem Kosinussatz $\cos\gamma = \frac{a^2 + b^2 - c^2}{2ab} > 0$, $\cos\alpha = \cos\beta = \frac{c^2}{2bc} > 0$, also sind γ und $\alpha = \beta$ eindeutig bestimmt.
3) Ist $a < b < c$, so ist $\cos\alpha = \frac{b^2 + c^2 - a^2}{2bc} > 0$, $\cos\beta = \frac{a^2 + c^2 - b^2}{2ac} > 0$ und damit sind α, β eindeutig bestimmt. Mit dem Winkelsummensatz ist daher auch γ eindeutig.
Im Fall I sind sowohl entsprechende Seiten als auch entsprechende Winkel kongruent, also sind auch die Dreiecke kongruent.

II) $\boxed{\text{sws}}$ Ist $a = a_1$, $b = b_1$, $\gamma = \gamma_1$, so folgt aus dem Kosinussatz $c = c_1$. Mit I sind die Dreiecke kongruent.

III) $\boxed{\text{ssw}}$ Es sei $a = a_1$, $b = b_1$, $\alpha = \alpha_1$.

1. Fall: $a > b$. Mit dem Sinussatz ist $\sin\beta = \frac{b}{a}\sin\alpha$. Wegen $0 < \frac{b}{a} < 1$ ist $\beta < \alpha$, also $\beta < \frac{\pi}{2}$ eindeutig bestimmt. Ferner ist $\gamma = \pi - (\alpha + \beta)$ und $c = \frac{a \sin\gamma}{\sin\alpha}$ eindeutig. In diesem Fall sind also entsprechende Seiten und entsprechende Winkel kongruent.

2. Fall: $a = b$, vgl. I 2).

3. Fall: $a < b$. Mit $\sin\beta = \frac{b}{a}\sin\alpha$ und $\frac{b}{a} > 1$ folgen zwei Winkel β_1, β_2 mit $\beta_1 + \beta_2 = \pi$. 2 Lösungen – keine Kongruenz.

IV) $\boxed{\text{sww}}$ Es sei $c = c_1$, $\alpha = \alpha_1$, $\beta = \beta_1$.

$\gamma = \pi - (\alpha + \beta)$, $a = \frac{c \sin\alpha}{\sin\gamma}$, $b = \frac{c \sin\beta}{\sin\gamma}$ sind eindeutig bestimmt.

Somit sind die entsprechenden Seiten und die entsprechenden Winkel kongruent, und damit auch die Dreiecke.

8. $\sphericalangle QPR = 45°$, $\sphericalangle QRP = 45°$, $\sphericalangle PQR = 90°$

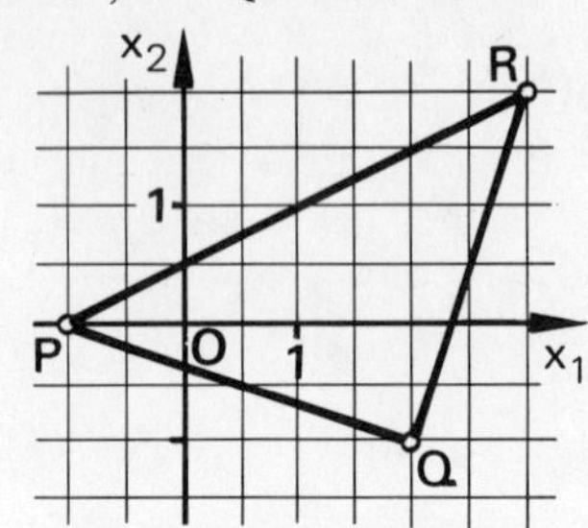

9. $\sphericalangle QPR = 58°13'$, $\sphericalangle QRP = 52°40'$, $\sphericalangle PQR = 69°7'$

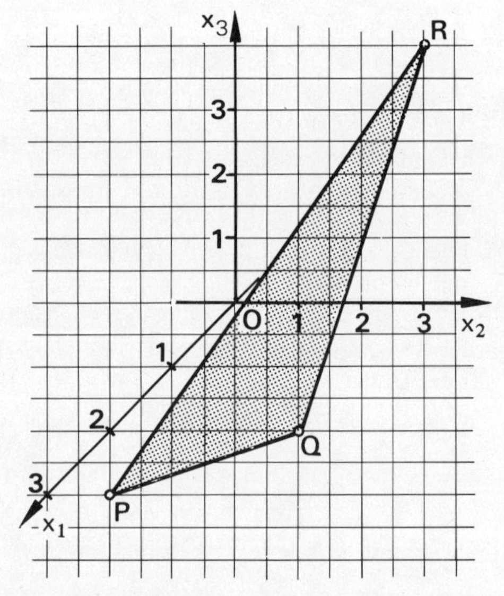

10. $c = 2\sqrt{7}$; $\sphericalangle QRP = 79°6'$, $\sphericalangle PQR = 40°54'$

11. a) $\frac{7}{18}\sqrt{6}$; $72°17'$ b) $\mathfrak{m}_e = (-2; 2; 1)$, $\frac{1}{3}\sqrt{3}$; $35°16'$

12. a) $\frac{1}{9}\sqrt{3}$; $78°54'$ b) $\frac{5}{6}$; $33°34'$

13. $\vec{n}_{ABC} = (0; 0; 1)$ a) $45°$, $63°26'$, $54{,}7°$

b) $1 : \sqrt{6}$; $65°54'$; $1 : \sqrt{21}$; $77°24'$; $1 : \sqrt{11}$; $72°27'$

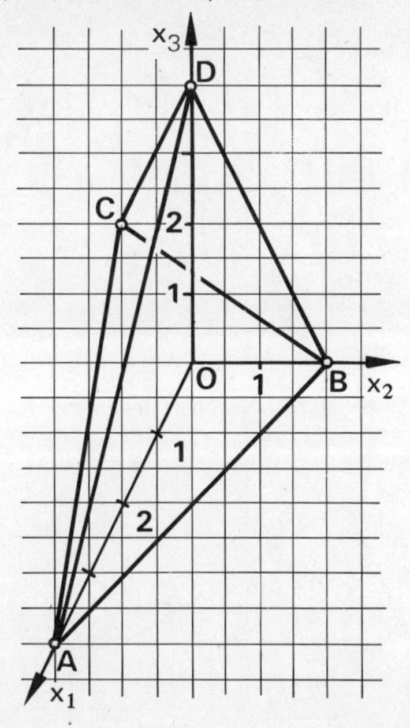

14. a) $\vec{n}_e = (1; 1; 1)$, $\vec{n}_{12} = (0; 0; 1)$, $\vec{n}_{23} = (1; 0; 0)$, $\vec{n}_{31} = (0; 1; 0)$

$\cos\alpha = 1 : \sqrt{3}$; $54°44'$

b)

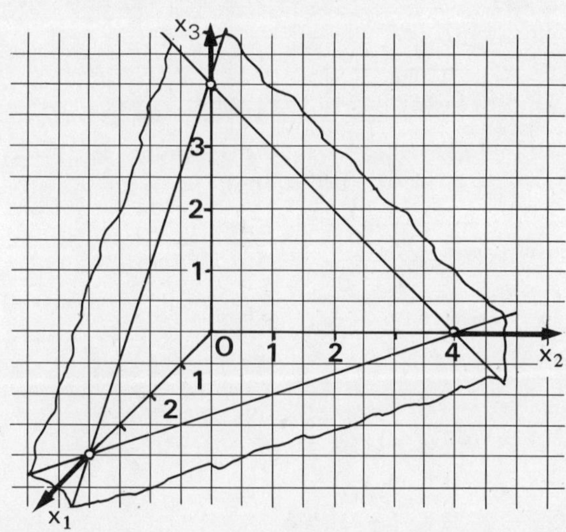

c) Diese Ebenen sind zu e parallel. Für jeden dieser Winkel α gilt $\cos\alpha = 1 : \sqrt{3}$.

15. C(5|5); $37°52'$; $142°8'$

16. $\vec{n}_1 = (0; 2; -1)$, $\vec{n}_2 = (3; 1; 2)$; $\vec{n}_1 \vec{n}_2 = 0$; $\alpha = \frac{\pi}{2}$

17. a) $(8|0|0)$, $25°52'$; $(0|16|0)$, $12°36'$; $(0|0|4)$, $60°48'$
b) 12-Ebene: $29°12'$; 23-Ebene: $64°8'$; 31-Ebene: $77°24'$
c) $\frac{16}{21}\sqrt{21}$

18. $\alpha = 0°$. Es kann g in (PQR) liegen oder dazu parallel sein. $g \subset (PQR)$

19. Ebene (PQR) mit $R(4|2|z)$: $\mathfrak{x} = \begin{pmatrix}4\\0\\0\end{pmatrix} + s\begin{pmatrix}-4\\2\\0\end{pmatrix} + t\begin{pmatrix}0\\2\\z\end{pmatrix}$, Normalenvektor ist

z. B. $\begin{pmatrix}1\\2\\-4:z\end{pmatrix}$, ferner ist $\mathfrak{n}_{1,2} = \begin{pmatrix}0\\0\\1\end{pmatrix}$.

Die Bedingung $|\frac{4}{z}| : \sqrt{1+4+\frac{16}{z^2}} = \frac{1}{2}$ gibt: $z_{1,2} = \pm\frac{4}{5}\sqrt{15}$

Statt $(4|2|z)$ kann man z. B. auch $(0|0|z)$ verwenden.

20. $(\mathfrak{x} - \mathfrak{y})\mathfrak{n} = 0$ mit $\overrightarrow{RS} = \mathfrak{n}$ gibt $x_1 - 5x_2 + 4x_3 = 4$. Schnitt mit QS: $(4|0|0)$, mit RS: $(\frac{5}{7}|\frac{17}{7}|\frac{20}{7})$

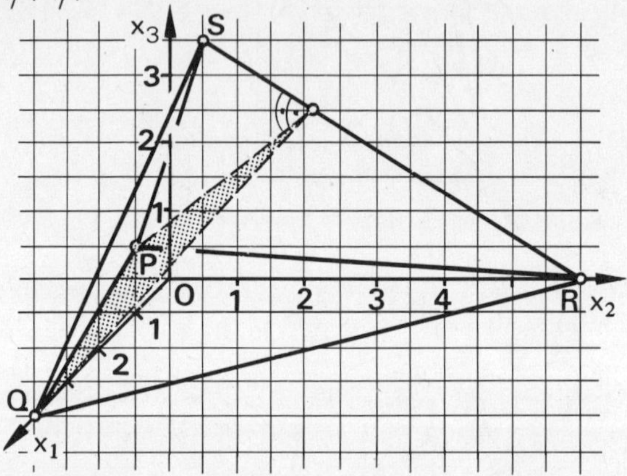

21. a) $O(0|0|0)$ und $P(1|0|0)$ erfüllen jeweils die Gleichung; $(OP) = x_1$-Achse
b) Normalenvektor $\mathfrak{n}_a = (0; 1; a)$; Bedingung: $1 + a_1a_2 = 0$;
Beispiele: $(x_2 + x_3 = 0,\ x_2 - x_3 = 0)$, $(x_2 + 2x_3 = 0,\ 2x_2 - x_3 = 0)$
c) 3-Achse: $\mathfrak{n} = (0; 0; 1)$, $\frac{\mathfrak{n}_a\,\mathfrak{n}}{|\mathfrak{n}_a| \cdot |\mathfrak{n}|} = \frac{1}{2}\sqrt{2}$ gibt $a_1 = 1$, $a_2 = -1$.
d) $x_1 + ax_3 = 0$ $(a \in \mathbb{R})$; e: $x_1 + 2x_3 = 0$ ist Scharkurve.

57. Kreis und Kugel

1. a) $(x_1+3)^2 + (x_2-\frac{1}{2})^2 + (x_3-1)^2 = 25$
b) $(x_1+2)^2 + x_2^2 + (x_3-3)^2 = 4$
c) $(x_1-\sqrt{2})^2 + (x_2-\frac{2}{3})^2 + (x_3-1)^2 = 5$
d) $(x_1-2)^2 + (x_2+3)^2 = 9$
e) $(x_1-\frac{3}{4})^2 + (x_2+2)^2 = 6$
f) $(x_1-1)^2 + x_2^2 = 1$

2. a) $x_1^2 + x_2^2 + x_3^2 = 29$
b) $(x_1 + 1)^2 + (x_2 - 2)^2 + (x_3 - 3)^2 = 27$
c) $(x_1 - \frac{1}{2})^2 + (x_2 + \frac{1}{3})^2 = \frac{565}{36}$

3. a) $20 \neq 25$; nein b) $29 \neq 25$; nein c) ja

4. a) $M(2|-1); r = 2$ b) $M(1|0); r = 3$
c) $M(\frac{1}{2}|-\frac{1}{3}); r = \frac{3}{2}$ d) $M(-\frac{1}{2}|\sqrt{2}); r = \sqrt{2}$

5. a) $M(1|-2|3); r = 2$ b) $M(\frac{1}{2}|0|-\frac{1}{3}); r = \sqrt{5}$ c) $M(0|\frac{1}{2}|0); r = 1$

6. $(\mathfrak{x} - \mathfrak{y})(\mathfrak{x} - \mathfrak{y}) = r^2$

7. $[\mathfrak{x} - \frac{1}{2}(\mathfrak{y} + \mathfrak{z})][\mathfrak{x} - \frac{1}{2}(\mathfrak{y} + \mathfrak{z})] = \frac{1}{4}(\mathfrak{z} - \mathfrak{y})(\mathfrak{z} - \mathfrak{y})$ oder
$\mathfrak{x}\mathfrak{x} - \mathfrak{x}(\mathfrak{y} + \mathfrak{z}) + \mathfrak{y}\mathfrak{z} = 0$

8. $(\mathfrak{x} - \mathfrak{x}_M)(\mathfrak{x} - \mathfrak{x}_M) = \mathfrak{x}_M\mathfrak{x}_M$ oder $\mathfrak{x}(\mathfrak{x} - 2\mathfrak{x}_M) = 0$;
$x_1^2 + x_2^2 + x_3^2 - 4x_1 = 0$

9. a) Auflösen der Klammern bei $(\mathfrak{x} - \mathfrak{x}_M)(\mathfrak{x} - \mathfrak{x}_M) = r^2$ gibt mit $\mathfrak{a} = -2\mathfrak{x}_M$, $c = \mathfrak{x}_M^2 - r^2$ die Gleichung.
b) Addition von $\frac{1}{4}\mathfrak{a}^2 - c$ gibt $(\mathfrak{x} + \frac{1}{2}\mathfrak{a})^2 = \frac{1}{4}(\mathfrak{a}^2 - 4c)$. Da der Betrag eines Vektors $\mathfrak{x} + \frac{1}{c}\mathfrak{a} \neq \mathfrak{o}$ stets eine positive Zahl ist, muß $\mathfrak{a}^2 - 4c > 0$ sein.
M: $\mathfrak{x}_M = -\frac{1}{2}\mathfrak{a}$; $r = \frac{1}{2}\sqrt{\mathfrak{a}^2 - 4c}$

10. Bei $(\mathfrak{x} - \mathfrak{x}_M)^2 = r^2$ gibt Punktprobe für O: $\mathfrak{x}_M^2 = 4^2$ und für den Punkt P
$\left[\binom{2}{1} - \mathfrak{x}_M\right]^2 = 4^2$. Somit $\binom{2}{1}\binom{2}{1} - 2\binom{2}{1}\mathfrak{x}_M = 0$ oder g: $4x_1 + 2x_2 = 5$;
es sind alle Kreise durch O mit dem Mittelpunkt auf der Gerade g, der Mittelsenkrechten von OP.

11. P gibt $c = 0$; Q bzw. R geben $a + b = -14$ bzw. $2a + b = -20$. Also $a = -6$, $b = -8$. Daher: $x_1^2 - 6x_1 + x_2^2 - 8x_2 = 0$, $M(3|4)$, $r = 5$.

12. a)
$12a + 7b + c = -193$
$5a + 10b - c = 125$
$12a + 3b - c = 153$
$a = 0, b = -4, c = -165$
$x_1^2 + x_2^2 - 4x_2 = 165$
$M(0|2), r = 13$

b)
$4a + b + c = -17$
$-a - 6b - c = 37$
$a + 2b - c = 5$
$a = 0, b = -4, c = -13$
$x_1^2 + x_2^2 - 4x_2 - 13 = 0$
$M(0|2), r = \sqrt{17}$

13. Ansatz: $(x_1 - x_{1M})^2 + (x_2 - x_{2M})^2 = r^2$ mit g: $x_{1M} = x_{2M}$ und
P: $x_{1M}^2 + x_{2M}^2 = r^2$; Q: $(7 - x_{1M})^2 + x_{2M}^2 = r^2$ gibt
$M(\frac{7}{2}|\frac{7}{2})$; $r = \frac{7}{2}\sqrt{2}$; $(x_1 - \frac{7}{2})^2 + (x_2 - \frac{7}{2})^2 = \frac{49}{2}$

14. Ansatz: $(x - x_1)^2 + (y - x_2)^2 = r^2$
P: $4 - 4x_1 + x_2^2 = r^2$; Q: $40 - 12x_1 + x_1^2 - 4x_2 + x_2^2 = r^2$
Differenz d: $2x_1 + x_2 - 9 = 0$. Somit: $M_{PQ}(4|1)$, ${}_{PQ} = (-2|4)$,
Mittelsenkrechte von PQ: $\left[\mathfrak{x} - \binom{4}{1}\right]\mathfrak{n}_{PQ} = 0$, vgl. d.

15. $\overrightarrow{PX} = (x_1 + 4; x_2)$, $\overrightarrow{QX} = (x_1 - 2; x_2)$, $|\overrightarrow{PX}| = 2|\overrightarrow{QX}|$ oder $x_1^2 - 8x_1 + x_2^2 = 0$,
also $(x_1 - 4)^2 + x_2^2 = 16$; Kreis um $M(4|0)$ mit $r = 4$.

16. a) Die Koordinaten von $O(0|0|0)$ erfüllen die Gleichung bei jeder Wahl von c.

b) $M(0|4|c)$; $r = \sqrt{16 + c^2}$. Alle Mittelpunkte liegen auf der Parallelen zur x_3-Achse durch $(0|4|0)$. $r = 5$, also $c = \pm 3$, gibt $M_1(0|4|3)$, $M_2(0|4|-3)$.
c) $x_3 = 0$ hat zur Folge: $x_1^2 + x_2^2 - 8x_2 = 0$, also unabhängig von c.

58. Schnittprobleme

1. a) $(2\sqrt{2}\,|-2\sqrt{2}), (-2\sqrt{2}\,|+2\sqrt{2})$ b) $(-5|5), (-7|1)$
c) $(5|-3), (-3|1)$ d) $(10|-5), (-4|9)$
e) $\left(\frac{1+3\sqrt{7}}{4}\,\middle|\,\frac{9+3\sqrt{7}}{4}\right), \left(\frac{1-3\sqrt{7}}{4}\,\middle|\,\frac{9-3\sqrt{7}}{4}\right)$

2. a) $(3|-2|-3), (0|-1|1)$ b) $(1|4|2), (-\frac{7}{3}|\frac{17}{3}|\frac{1}{3})$ c) $(4|3|1), (0|5|1)$
3. $k \cap g = \{\ \}$
4. $(-\frac{4}{7}|-\frac{12}{7}|\frac{8}{7})$; O liegt innerhalb.
5. Schnittpunkt der Geraden: $(7|5|-3)$, Einsetzen in die Kugelgleichung gibt $25 + 25 + 0 = 50$.
6. $\mathfrak{x} = \mathfrak{p} + t\mathfrak{m}$ eingesetzt in die Kugelgleichung gibt $t^2 - 3t + 2 = 0$.
Schnittpunkte: $(2|-11|4)$, $(11|6|0)$, Länge: $\sqrt{386}$, Mitte: $(\frac{13}{2}|-\frac{5}{2}|2)$
7. g: $\mathfrak{x} = \mathfrak{p} + t(\mathfrak{x}_M - \mathfrak{p})$; einsetzen in die Kreisgleichung: $(1-t)^2(\mathfrak{p} - \mathfrak{x}_M)^2 = r^2$.
P ist Kreispunkt, also $(\mathfrak{p} - \mathfrak{x}_M) = r^2$; somit $(1-t)^2 = 1$ bzw. $t_1 = 0$, $t_2 = 2$.
Ortsvektoren: $\mathfrak{x}_1 = \mathfrak{p}$, $\mathfrak{x}_2 = 2\mathfrak{x}_M - \mathfrak{p}$.
8. a) $\mathfrak{m}_0 = (\frac{2}{3}; -\frac{2}{3}; \frac{1}{3})$; $\frac{1}{3}$; -2; 2 Punkte
b) $\mathfrak{m}_0 = \frac{1}{6}\sqrt{6}\,\mathfrak{m}$; $-\frac{1}{6}\sqrt{6}$; 8; 0 Punkte
c) $\mathfrak{m}_0 = \frac{1}{10}\sqrt{10}\,\mathfrak{m}$; 0; 0; 1 Punkt
d) $\mathfrak{m}_0 = \frac{1}{14}\sqrt{14}\,\mathfrak{m}$; $-\frac{5}{14}\sqrt{14}$; 0; 0 Punkte
9. a) $2 - 2\sqrt{5} < c < 2 + 2\sqrt{5}$ b) $c_1 = 2 - 2\sqrt{5}$, $c_2 = 2 + 2\sqrt{5}$
c) $c < c_1$ oder $c > c_2$
10. a) $(3|-4), (\frac{13}{17}|\frac{84}{17})$ b) $(6|-1), (4|1)$
11. Ebene $x_3 = \frac{19}{3}$, x_1 und x_2 beliebig; $M(2|-3|\frac{19}{3})$, $r = \frac{2}{3}\sqrt{14}$
12. Schnittebene: $2cx_1 = 7 + c^2$; Schnittfigur: $x_2^2 + x_3^2 = -\frac{1}{4c^2}(c^4 - 50c^2 + 49)$,
einen Punkt: $|c| = 7$ oder 1; unendlich viele Punkte: $1 < |c| < 7$; keine Punkte: $|c| < 1$ oder $|c| > 7$
13. $(x_1 - a)^2 + x_2^2 + x_3^2 = 25 + a^2$
14. a) $t^2 + 2\mathfrak{p}\mathfrak{m}_0 t + \mathfrak{p}\mathfrak{p} - r^2 = 0 \Rightarrow -\mathfrak{p}\mathfrak{m}_0 \pm \sqrt{(\mathfrak{p}\mathfrak{m}_0)^2 - \mathfrak{p}\mathfrak{p} + r^2}$
b) Mit dem Satz von Vieta gilt in der Gleichung bei a) $t_1 t_2 = \mathfrak{p}\mathfrak{p} - r^2$. Für jede Gerade g durch $P(\mathfrak{p})$, welche mit der Kugel einen Punkt gemeinsam hat, ist das Produkt der zu den gemeinsamen Punkten gehörenden Parameter dieselbe Zahl.
c) Da $\mathfrak{m}_0$ ein Einheitsvektor ist, hat P vom Geradenpunkt X_1 mit $\mathfrak{x} = \mathfrak{p} + 1 \cdot \mathfrak{m}_0$ den Abstand $d(P, X_1) = 1$. Für den Geradenpunkt S_1 mit $\mathfrak{x} = \mathfrak{p} + t_1\mathfrak{m}_0$ gilt daher $d(P, S_1) = |t_1| \cdot 1 = |t_1|$.
Satz: Schneidet die durch P gehende Gerade g die Kugel in S_1, S_2, so ist das Produkt der Abstände $d(P, S_1) \cdot d(P, S_2)$ für jede solche Gerade dieselbe Zahl; Sekantensatz, Sehnensatz.

d) Liegt P außerhalb (innerhalb; auf) der Kugel, so haben beide Parameter gleiche Vorzeichen (verschiedene Vorzeichen; ein Parameter ist Null), also $t_1 t_2 > 0 (< 0; = 0)$. Flächeninhalt des Quadrates über einer der zugehörigen Tangentenstrecken.

59. Tangente und Tangentialebene

1. a) $\mathfrak{x} \cdot \begin{pmatrix} 3 \\ -4 \end{pmatrix} = 25$ bzw. $3x_1 - 4x_2 = 25$

b) $\mathfrak{x} \cdot \begin{pmatrix} 1 \\ -1 \end{pmatrix} = 2$ bzw. $x_1 - x_2 = 2$

c) $\mathfrak{x} \cdot \frac{1}{2}\begin{pmatrix} -1 \\ \sqrt{3} \end{pmatrix} = 1$ bzw. $-x_1 + x_2\sqrt{3} = 2$

d) $x_{2B} = -\frac{4}{5}$; $\mathfrak{x} \cdot \frac{1}{5}\begin{pmatrix} 3 \\ -4 \end{pmatrix} = 1$ bzw. $3x_1 - 4x_2 = 5$

e) $x_{1B} = -\frac{3}{4}$; $\mathfrak{x} \cdot \begin{pmatrix} -0{,}75 \\ \sqrt{2} \end{pmatrix} = \frac{41}{16}$ bzw. $12x_1 - 16x_2\sqrt{2} = -41$

f) $x_{1B} = 2$; $\mathfrak{x} \cdot \begin{pmatrix} 2 \\ 0 \end{pmatrix} = 4$ bzw. $x_1 = 2$

2. a) $\left[\mathfrak{x} - \begin{pmatrix} 1 \\ 2 \end{pmatrix}\right] \cdot \begin{pmatrix} -4 \\ 3 \end{pmatrix} = 25$ bzw. $4x_1 - 3x_2 = -27$

b) $\left[\mathfrak{x} - \begin{pmatrix} -3 \\ 5 \end{pmatrix}\right] \cdot \begin{pmatrix} 4 \\ 2 \end{pmatrix} = 20$ bzw. $2x_1 + x_2 = 9$

c) $\left[\mathfrak{x} - \frac{1}{4}\begin{pmatrix} 1 \\ -2 \end{pmatrix}\right] \cdot \frac{1}{4}\begin{pmatrix} -1 \\ -3 \end{pmatrix} = 1$ bzw. $4x_1 + 12x_2 = -21$

d) $x_{2B} = 2$; $\left[\mathfrak{x} - \begin{pmatrix} -3 \\ 1 \end{pmatrix}\right] \cdot \begin{pmatrix} 7 \\ 1 \end{pmatrix} = 50$ bzw. $7x_1 + x_2 = 30$

e) $x_{1B} = \frac{1}{2}\sqrt{3}$; $\left[\mathfrak{x} - \begin{pmatrix} 0 \\ -2 \end{pmatrix}\right] \cdot \frac{1}{2}\begin{pmatrix} \sqrt{3} \\ 1 \end{pmatrix} = 1$ bzw. $x_2 = -x_1\sqrt{3}$

f) $x_{1B} = 2\sqrt{2}$; $\left[\mathfrak{x} - \begin{pmatrix} \sqrt{2} \\ -1 \end{pmatrix}\right] \cdot \begin{pmatrix} \sqrt{2} \\ 1 \end{pmatrix} = 3$ bzw. $x_1\sqrt{2} + x_2 = 4$

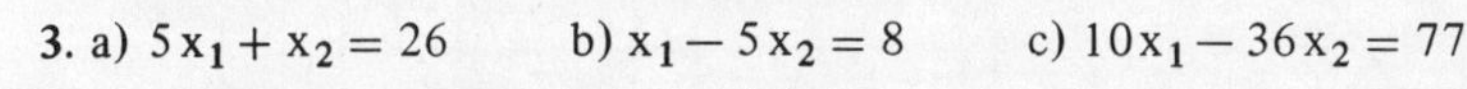

3. a) $5x_1 + x_2 = 26$ b) $x_1 - 5x_2 = 8$ c) $10x_1 - 36x_2 = 77$

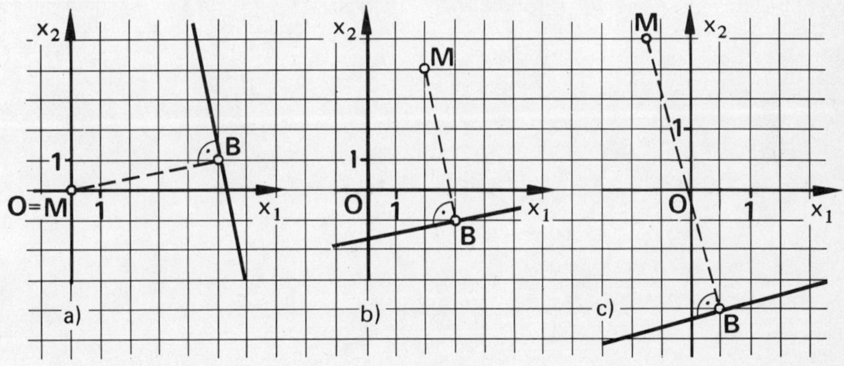

4. a) $\left[\mathfrak{X} - \begin{pmatrix} 2 \\ -3 \\ 3 \end{pmatrix}\right] \begin{pmatrix} 3 \\ 0 \\ 4 \end{pmatrix} = 25$ bzw. $3x_1 + 4x_3 = 43$

b) $\left[\mathfrak{X} - \begin{pmatrix} -1 \\ 0 \\ 2 \end{pmatrix}\right] \begin{pmatrix} 4 \\ 2 \\ 0 \end{pmatrix} = 20$ bzw. $2x_1 + x_2 = 8$

c) $x_{3B} = 2$; $\mathfrak{X} \cdot \begin{pmatrix} 4 \\ 2 \\ 2 \end{pmatrix} = 24$ bzw. $2x_1 + x_2 + x_3 = 12$

d) $r^2 = 30$; $\left[\mathfrak{X} - \begin{pmatrix} 2 \\ -1 \\ 3 \end{pmatrix}\right] \cdot \begin{pmatrix} -1 \\ 5 \\ 2 \end{pmatrix} = 30$ bzw. $-x_1 + 5x_2 + 2x_3 = 29$

5. a) $(4|-3)$; $4x_1 - 3x_2 = 25$; $(-4|3)$; $-4x_1 + 3x_2 = 25$

b) $\left(1 \pm 15\sqrt{\frac{2}{73}} \,\middle|\, 2 \mp 40\sqrt{\frac{2}{73}}\right)$; $-3x_1 + 8x_2 = 13 \mp 365\sqrt{\frac{2}{73}}$

c) $(6|1)$; $2x_1 - x_2 = 11$; $(-2|5)$; $2x_1 - x_2 = -9$

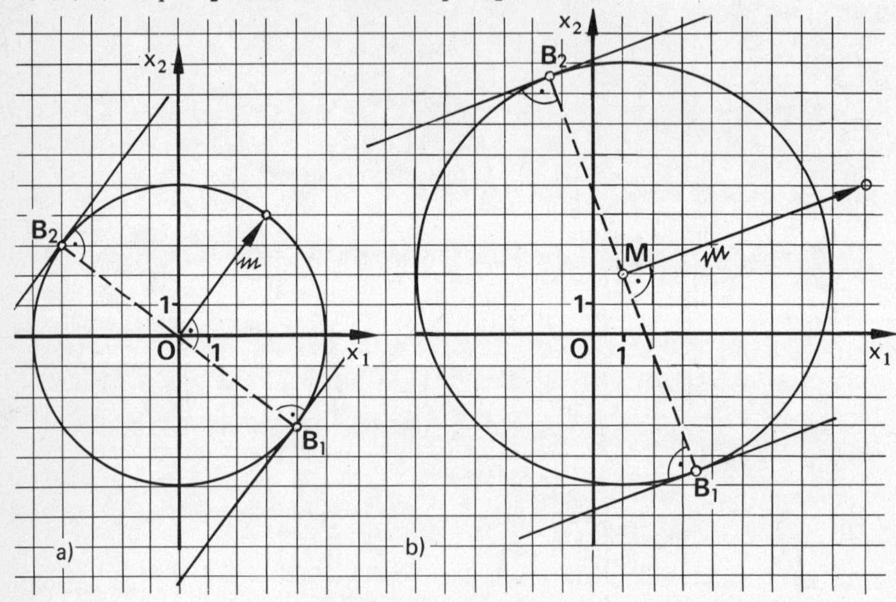

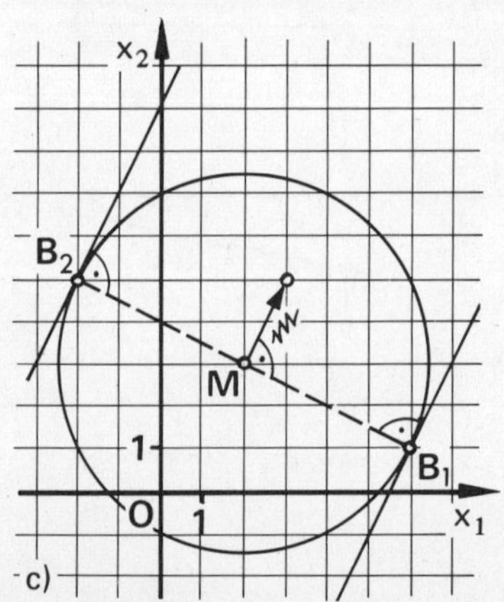

6. a) $(\pm 6 | \pm 8)$, $3x_1 + 4x_2 = \pm 50$

b) $(14 | -6)$, $12x_1 - 6x_2 = 199$; $(-10 | 4)$, $-12x_1 + 5x_2 = 140$

c) $(\frac{31}{4} | \frac{7}{2})$, $28x_1 - 4x_2 = 223$; $(-\frac{25}{4} | \frac{1}{2})$, $28x_1 + 4x_2 = 177$

d) $(1 | -1)$, $x_1 - x_2 = 2$; $(0 | 0)$, $x_2 = x_1$

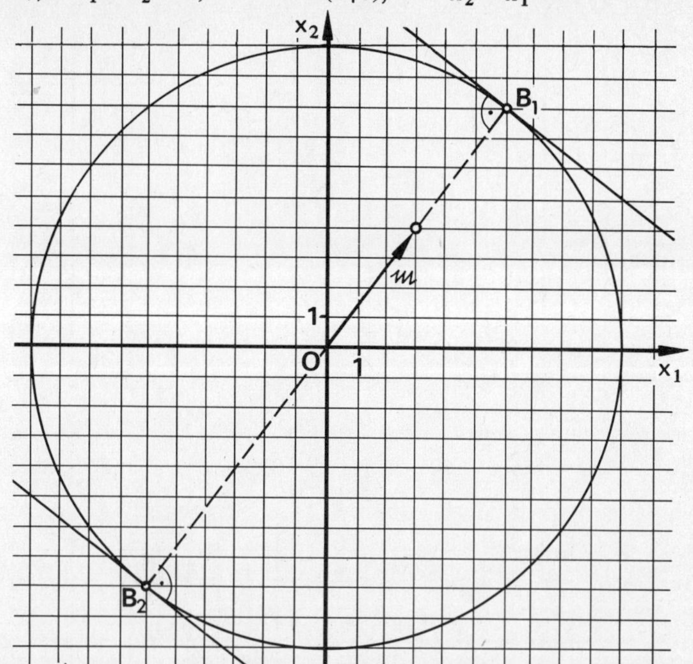

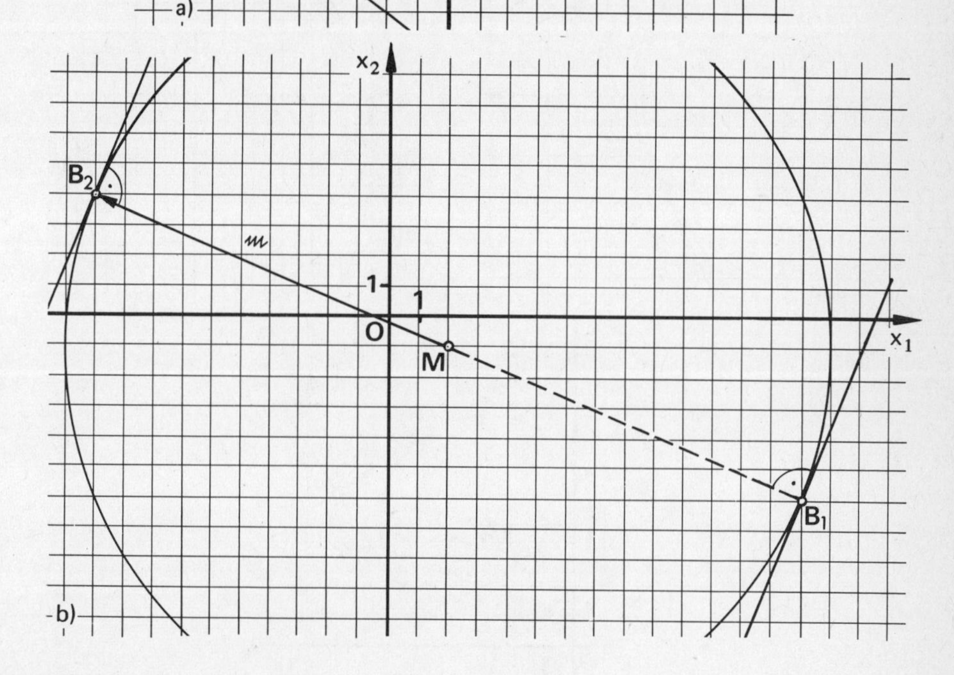

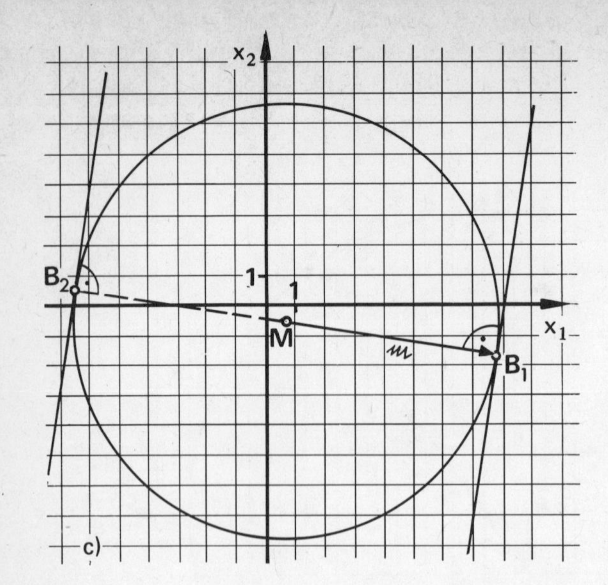

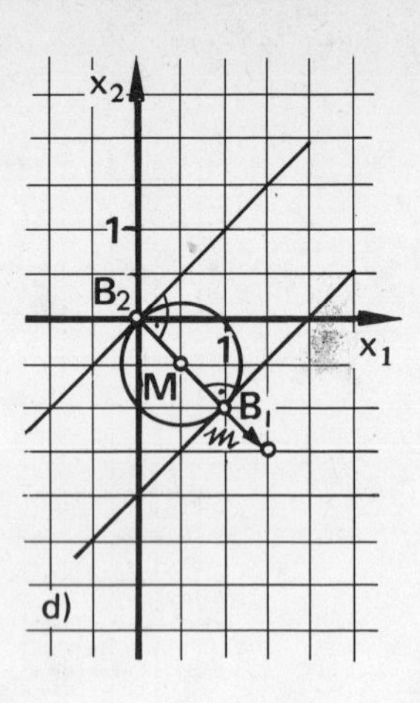

7. a) $(6|-3)$, $x_2 = 2x_1 + 21$; $(3|6)$, $x_1 + 2x_2 = 15$
   b) $(-2|6)$, $3x_1 - 4x_2 = -30$; $(-6|-2)$, $x_1 = -6$ und x_2 beliebig
   c) $(6|2)$, $3x_1 - 2x_2 = 14$; $(5|7)$, $2x_1 + 3x_2 = 31$

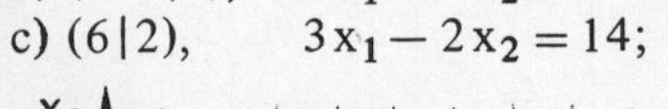

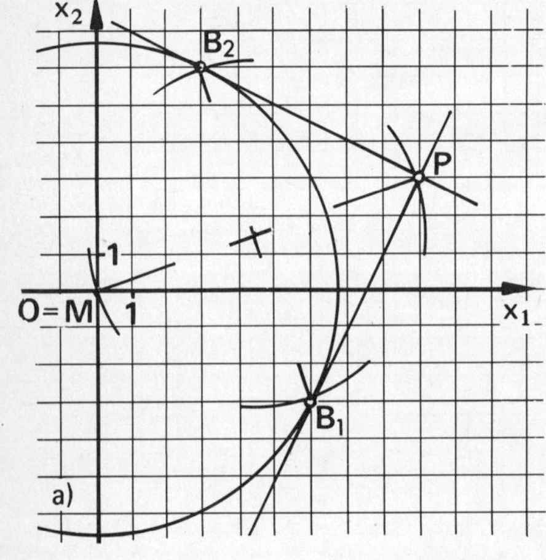

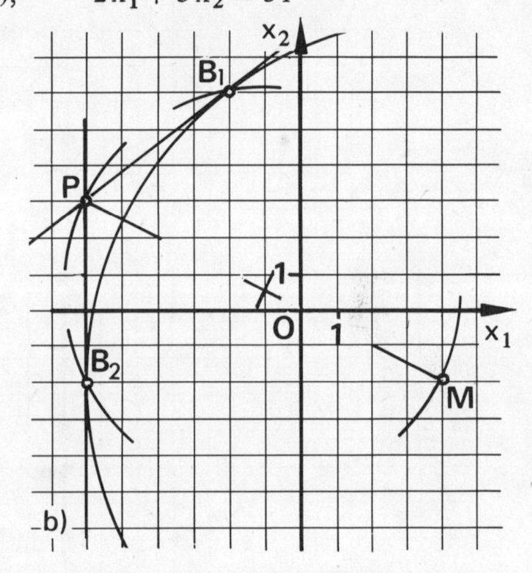

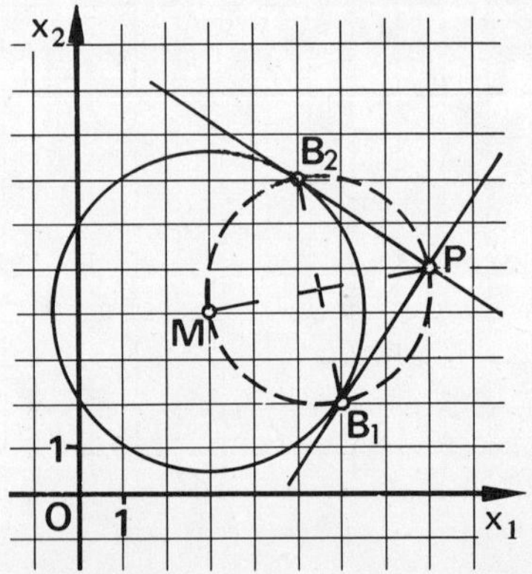

8. $t_1 = 2,\ t_2 = \frac{19}{13}$; $S_1(-1|2|-2),\ S_2(-\frac{34}{13}|\frac{19}{13}|\frac{2}{13})$; $x_1 - 2x_2 + 2x_3 = -9$
$34x_1 - 19x_2 - 2x_3 = -117$

9. $r = 5$; $\mathfrak{m}_{PB} = \begin{pmatrix} 3 \\ 0 \\ -4 \end{pmatrix}$, für $\mathfrak{m} = \begin{pmatrix} m_1 \\ m_2 \\ m_3 \end{pmatrix}$ mit $\mathfrak{m}_{PB} \cdot \mathfrak{m} = 0$ folgt

$\mathfrak{m} = \frac{1}{4}\, m_1 \begin{pmatrix} 4 \\ 0 \\ 3 \end{pmatrix} + m_2 \begin{pmatrix} 0 \\ 1 \\ 0 \end{pmatrix}$, Tangentialebene: $\mathfrak{x} = \begin{pmatrix} 4 \\ -1 \\ -2 \end{pmatrix} + s \begin{pmatrix} 4 \\ 0 \\ 3 \end{pmatrix} + t \begin{pmatrix} 0 \\ 1 \\ 0 \end{pmatrix}$,

Tangenten: wähle z. B. $t = 0$ bzw. $s = 0$.

10. $\mathfrak{x} = \begin{pmatrix} 2 \\ 1 \\ -7 \end{pmatrix} + s \begin{pmatrix} 60 \\ -1 \\ 7 \end{pmatrix}$

11. $x_1^2 + x_2^2 = 2$

12. $x_1^2 + x_2^2 + x_3^2 = \frac{25}{6}$

13. $\cos\alpha = 0{,}6$; $\alpha = 53°8'$

14. e berührt k.

15. Abstand $P(x_1|x_2)$ von g_1: $d_1 = \frac{|4x_1 - 3x_2|}{5}$ und von g_2: $d_2 = \frac{|3x_1 + 4x_2|}{5}$
Gleichheit der Abstände: Fall I) $-(4x_1 - 3x_2) = 3x_1 + 4x_2$ oder $x_2 = -7x_1$;
Fall II) $4x_1 - 3x_2 = 3x_1 + 4x_2$ oder $x_1 = 7x_2$ entfällt.
$d_1 = 5$ besagt $-4x_1 + 3x_2 = 25$; einsetzen von $x_2 = -7x_1$ gibt $x_1 = -1,\ x_2 = 7$
und die Kreisgleichung $(x_1 + 1)^2 + (x_2 - 7)^2 = 25$.

16. Halbierende von $\sphericalangle$ QPR: $\frac{-4x_1 + 3x_2 + 35}{5} = x_1 + 4$ oder $x_2 = 3x_1 - 5$
Halbierende von $\sphericalangle$ PRQ: $\frac{3x_1 + 4x_2 - 20}{5} = -(x_1 + 4)$ oder $x_2 = -2x_1$ $\Big\}$ $x_1 = 1$, $x_2 = -2$
Schnittpunkt ist der Mittelpunkt: $(1|-2)$; $r = 5$
$\mathfrak{m}_{PQ} \cdot \mathfrak{m}_{RQ} = (12; 16) \cdot (12; -9) = 0$; $\sphericalangle RQP = 90°$

17. $\mathfrak{x} = t \begin{pmatrix} 1 \\ 1 \\ 1 \end{pmatrix}$; $\mathfrak{x} = t \begin{pmatrix} -1 \\ 1 \\ 1 \end{pmatrix}$; $\mathfrak{x} = t \begin{pmatrix} 1 \\ 1 \\ -1 \end{pmatrix}$; $\mathfrak{x} = t \begin{pmatrix} -1 \\ 1 \\ -1 \end{pmatrix}$.

18. a) Es ist die Ebene, welche durch P geht und orthogonal zu $\mathfrak{g}$ ist.
b) $\mathfrak{x}\mathfrak{x} = \mathfrak{g}\mathfrak{g}$, also $r = \sqrt{\mathfrak{g}\mathfrak{g}}$
c) Es sei $\mathfrak{g}_0$ der Einheitsvektor zu $\mathfrak{g}$ (vgl. Figur). Mit $\cos\varphi = \frac{1}{|\mathfrak{x}_M|}\mathfrak{x}_M \mathfrak{g}_0$ gilt
für $|\overrightarrow{OM'}| = |\mathfrak{x}_M| \cos\varphi = \mathfrak{x}_M \mathfrak{g}_0$ und damit für $\overrightarrow{OM'} = (\mathfrak{x}_M \mathfrak{g}_0)\mathfrak{g}_0$. Die Kugel berühre die Ebene e im Punkt B, so ist $\overrightarrow{MB} = \overrightarrow{M'P}$. Mit $\overrightarrow{OP} = \overrightarrow{OM'} + \overrightarrow{M'P}$ ist
$\overrightarrow{MB} = \mathfrak{g} - (\mathfrak{x}_M \mathfrak{g}_0)\mathfrak{g}_0 = (|\mathfrak{g}| - \mathfrak{x}_M \mathfrak{g}_0)\mathfrak{g}_0$. Daher gilt für den Kugelpunkt $X(\mathfrak{x})$ die Gleichung:

$(\mathfrak{x}-\mathfrak{x}_M)(\mathfrak{x}-\mathfrak{x}_M) = (|\mathfrak{y}| - \mathfrak{x}_M\mathfrak{y}_0)^2$

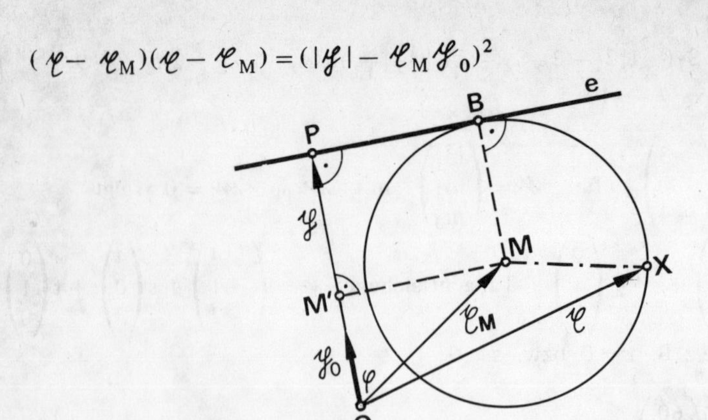

19. Hier ist $0 \in e$, in Aufgabe 18c) also $|\mathfrak{y}| = 0$ und $\mathfrak{y}_0 = \mathfrak{n}_0$. Somit $(\mathfrak{x}-\mathfrak{x}_M)(\mathfrak{x}-\mathfrak{x}_M) = (\mathfrak{x}_M\mathfrak{n}_0)^2$.

20. a) Der (Thales-)Kreis über MP schneidet k in zwei Punkten der Polaren g_P. Wird $\overline{MP}$ größer, so wird der Abstand M von g_P kleiner. Ist $P \in k$, so ist die Tangente in P zugleich die Polare.

b) Da $M = O$ ist, ist $\mathfrak{x}_P$ Normalenvektor von g_P. Dann lautet die Hesse-Form von g_P: $\dfrac{\mathfrak{x}_P\mathfrak{x} - r^2}{|\mathfrak{x}_P|} = 0$. Der Abstand O von g_P ist daher $d_0 = \dfrac{r^2}{|\mathfrak{x}_P|}$. Für $P \in k$ ist $\mathfrak{x}_P = \mathfrak{x}$, somit $d = \dfrac{\mathfrak{x}\mathfrak{x} - r^2}{|\mathfrak{x}_P|} = 0$.

c) Es ist die Gerade senkrecht zu $\mathfrak{x}_P$ mit dem Abstand d_0 von O. Liegt P auf der Polare von Q bez. k, so liegt Q auf der Polare von P bez. k.

d) Rechnerisch wurde bezüglich der Dimension keine Bedingung gestellt. Die Ergebnisse gelten auch im 3dimensionalen Raum. Es ist dann $\mathfrak{x}\mathfrak{x}_P = r^2$ die Gleichung einer Ebene, der Polarebene. Liegt P außerhalb k, so bilden alle Tangenten von P an k die Mantellinien des Berührkegels.

60. Vermischte Aufgaben

1. a) $\overline{PQ} = 5$, $\overline{QR} = 10$, $\overline{RP} = \sqrt{97}$ b) $M(\frac{37}{12} | \frac{27}{16})$ c) $\frac{1}{48}\sqrt{37904} \approx 3{,}52$

2. $M(-2|4|-5)$

3. $x_1 - x_2 = 3$

4. $(2+3t)^2 + (1+4t)^2 = 2^2$ bzw. $t_{1,2} = \frac{1}{5}(-2 \pm \sqrt{3})$ gibt $\left(\frac{4 \pm 3\sqrt{3}}{5} \,\middle|\, \frac{-19 \pm 4\sqrt{3}}{5}\right)$

5. a) $\mathfrak{B}$: $d(OX) = \sqrt{x_1^2 + x_2^2}$; $d(YX) = \sqrt{(x_1 - y_1)^2 + (x_2 - y_2)^2}$; 5

b) In Fig. 175.1 ist $\mathfrak{a}_1 = \mathfrak{b}_1$, $2\mathfrak{a}_2 = \mathfrak{b}_1 + 3\mathfrak{b}_2$, also gilt bez. $\mathfrak{B}$: $\mathfrak{a}_1 = (1; 0)$, $\mathfrak{a}_2 = (\frac{1}{2}; \frac{3}{2})$. Hat der Punkt X als Koordinaten bez. $\mathfrak{B}$: $(x_1 | x_2)$ und bez. $\mathfrak{A}$: $(x_1' | x_2')$, dann gilt

$(x_1; x_2) = x_1'(1; 0) + x_2'(\frac{1}{2}; \frac{3}{2})$ bzw. $x_1 = x_1' + \frac{1}{2}x_2'$, $x_2 = \frac{3}{2}x_2'$.

Somit $d(OX) = \sqrt{(x_1' + \frac{1}{2}x_2')^2 + (\frac{3}{2}x_2')^2} = \sqrt{x_1'^2 + x_1'x_2' + \frac{5}{2}x_2'^2}$

$$d(YX) = \sqrt{(x_1' - y_1')^2 + (x_1' - y_1')(x_2' - y_2') + \frac{5}{2}(x_2' - y_2')^2}.$$

Es ist $P(4|3)_{\mathfrak{B}} = P(3|2)_{\mathfrak{A}}$; $d(OP) = \sqrt{3^2 + 3 \cdot 2 + \frac{5}{2} \cdot 2^2} = 5$

c) Punkte sind z. B. $(0|\sqrt{10})$, $(5|0)$, $(5|-2)$, $(1|2{,}9)$, $(1|-3{,}3)$, $(3{,}5|1{,}66)$, $(3{,}5|-3{,}1)$. Spiegelung an O liefert weitere Punkte.

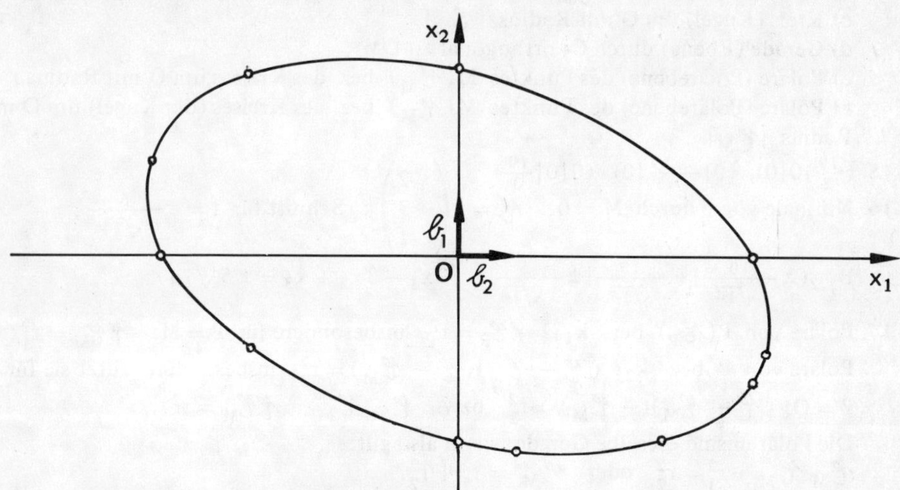

6. a) g_1 ist nicht orthogonal zu g_2 b) $g_1 \perp g_2$ c) $g_1 \parallel g_2$

7. a) $\mathfrak{x} = \begin{pmatrix} 3 \\ 1 \\ -2 \end{pmatrix} + t \begin{pmatrix} 1 \\ -2 \\ 5 \end{pmatrix}$; Schnittpunkt: $t = \frac{1}{3}$; $(\frac{10}{3}|\frac{1}{3}|-\frac{1}{3})$

b) $\mathfrak{x} = \begin{pmatrix} 0{,}5 \\ -3 \\ 6 \end{pmatrix} + t \begin{pmatrix} 8 \\ 1 \\ -11 \end{pmatrix}$; Schnittpunkt: $t = \frac{17}{62}$; $(\frac{167}{62}|-\frac{169}{62}|\frac{185}{62})$

8. a) $\sqrt{11}$ b) $\frac{1}{11}\sqrt{11}$ c) $(\frac{1}{44} + \frac{3}{44}\sqrt{2})\sqrt{11} \approx 1{,}485$

9. $\mathfrak{w}_g = (-1; -2; 5)$, $\mathfrak{w}_e = (6; 3; -4)$, $\sin\alpha = \dfrac{32}{\sqrt{30 \cdot 61}}$; $\alpha = 48°25'$

10. a) $\cos\varphi = \frac{1}{10}\sqrt{90}$; $\varphi = 18°27'$

b) $P = (3|2)_{\mathfrak{A}}$, $Q = (\frac{9}{2}|\frac{3}{2})_{\mathfrak{B}} = (4|1)_{\mathfrak{A}}$. Im System $\mathfrak{A}$ ist

$|\overrightarrow{OP}| = 5$, $|\overrightarrow{OQ}| = \sqrt{4^2 + 4 \cdot 1 + \frac{5}{2} \cdot 1} = \frac{1}{2}\sqrt{90}$

$$\cos\varphi = \frac{(x_1' + \frac{1}{2}x_2')(y_1' + \frac{1}{2}y_2') + \frac{3}{2}x_2' \cdot \frac{3}{2}y_2'}{|OP| \cdot |OQ|} \quad \text{bzw.}$$

$$\cos\varphi = \frac{(3+1) \cdot (4 + \frac{1}{2}) + 3 \cdot \frac{3}{2}}{5 \cdot \frac{1}{2}\sqrt{90}} = \frac{1}{10}\sqrt{9}$$

11. a) $71°34'$ b) $71°34'$ c) $84°16'$

12. a) $M(\frac{7}{4}|\frac{1}{4})$; $r = \frac{1}{4}\sqrt{130} \approx 2{,}85$; $(x_1 - \frac{7}{4})^2 + (x_2 - \frac{1}{4})^2 = \frac{65}{8}$

b) $M(-\frac{3}{4}|\frac{1}{2})$; $r = 4\sqrt{5}$; $(x_1 + \frac{3}{4})^2 + (x_2 - \frac{1}{2})^2 = 80$

13. a) $[\mathfrak{x} - \frac{1}{2}(\mathfrak{y} + \mathfrak{z})]^2 = \frac{1}{4}(\mathfrak{y} - \mathfrak{z})^2$ bzw. $\mathfrak{x}(\mathfrak{x} - \mathfrak{y} - \mathfrak{z}) - \mathfrak{y}\mathfrak{z} = 0$

b) $(\mathfrak{x} - \mathfrak{x}_M)^2 = \mathfrak{x}_M{}^2$ bzw. $\mathfrak{x}\mathfrak{x} - 2\mathfrak{x}\mathfrak{x}_M = 0$

14. a) Kreis (Kugel) um O mit Radius r
b) Kreis (Kugel) um $M(\mathfrak{x}_M)$ mit Radius r
c) Kreis (Kugel) um O mit Radius $|\mathfrak{x}_M|$
d) Gerade (Ebene) durch O, orthogonal zu OM
e) Polare (Polarebene) des Punktes $M(\mathfrak{x}_M)$ bez. des Kreises um O mit Radius r
f) Polare (Polarebene) des Punktes $M(\mathfrak{x}_M)$ bez. des Kreises (der Kugel) um O mit Radius $|\mathfrak{x}_M|$.

15. $(\frac{19}{2}|0|0)$, $(0|-\frac{19}{5}|0)$, $(0|0|\frac{19}{3})$

16. Normale von e durch M = 0; $\mathfrak{x} = t\begin{pmatrix}2\\-3\\1\end{pmatrix}$; Schnitt für $t = \pm\frac{5}{\sqrt{14}}$,

$B_{1,2}(\pm\frac{10}{\sqrt{14}}|\mp\frac{15}{\sqrt{14}}|\pm\frac{5}{\sqrt{14}})$; $2x_1 - 3x_2 + x_3 = \pm 5\sqrt{14}$

17. Polare von $P(\mathfrak{x}_P)$ bez. k_1: $\mathfrak{x}\mathfrak{x}_P = r_1^2$, insbesondere für P = M: $\mathfrak{x}\mathfrak{x}_M = r_1^2$;
Polare von P bez. k_2: $(\mathfrak{x} - \mathfrak{x}_M)(\mathfrak{x} - \mathfrak{x}_M) = r_2^2$, insbesondere lautet sie für
$P = O$: $(\mathfrak{x} - \mathfrak{x}_M)(-\mathfrak{x}_M) = r_2^2$ bzw. $\mathfrak{x}_M\mathfrak{x}_M - \mathfrak{x}\mathfrak{x}_M = r_2^2$.
Die Polaren sind dieselbe Gerade, wenn also gilt:
$\mathfrak{x}_M\mathfrak{x}_M - r_1^2 = r_2^2$ oder $\mathfrak{x}_M^2 = r_1^2 + r_2^2$.

18. $M(r|0|0)$; $\mathfrak{n}_e = \begin{pmatrix}1\\2\\1\end{pmatrix}$; Orthogonale zu e durch M: $\mathfrak{x} = \begin{pmatrix}r\\0\\0\end{pmatrix} + s\begin{pmatrix}1\\2\\1\end{pmatrix}$

Schnitt mit e gibt $r + 6s = 1$, Schnitt mit k gibt: $6s^2 = r^2$. Daraus folgt
$r = \frac{1}{1+\sqrt{6}} = \frac{-1+\sqrt{6}}{5}$

19. $(x_1 - 1)^2 + (x_2 - a)^2 + x_3^2 = 1 + a^2$. Zu jedem a gibt es genau eine Kugel. Die Mittelpunkte aller Kugeln liegen auf der Parallelen zur 2. Achse durch $(1|0|0)$; jeder Geradenpunkt ist Mittelpunkt einer der Kugeln. O ist gemeinsamer Punkt aller Kugeln.
$a = \pm 7$.

20. a) $M(t|2t|3t)$, $r = 3|t|$ b) Ursprungsgerade $\mathfrak{x} = t\begin{pmatrix}1\\2\\3\end{pmatrix}$

Notizen

Notizen

Notizen

Notizen